OECD/FAO-Unternehmenshandbuch zu Entwaldung und Sorgfaltspflichten in landwirtschaftlichen Lieferketten

Dieses Dokument wird unter der Verantwortung des Generalsekretärs der OECD und des Generaldirektors der FAO veröffentlicht. Die darin zum Ausdruck gebrachten Meinungen und Argumente spiegeln nicht zwangsläufig die offizielle Auffassung der OECD-Mitgliedstaaten oder der Ernährungs- und Landwirtschaftsorganisation der Vereinten Nationen (FAO) bzw. ihrer Mitgliedstaaten wider.

Die in dieser Gemeinschaftspublikation verwendeten Namen bzw. Darstellungen von Ländern, Karten und Territorien entsprechen der Praxis der FAO und der Vereinten Nationen.

Für die OECD geltende spezifische territoriale Haftungsausschlüsse
Dieses Dokument sowie die darin enthaltenen Daten und Karten berühren weder den völkerrechtlichen Status von Territorien noch die Souveränität über Territorien, den Verlauf internationaler Grenzen und Grenzlinien sowie den Namen von Territorien, Städten oder Gebieten.

Für die FAO geltende spezifische territoriale Haftungsausschlüsse
Die verwendeten Bezeichnungen und die Darstellungen von Inhalten in den Karten implizieren keinerlei Stellungnahme seitens der FAO bezüglich des rechtlichen oder konstitutionellen Status von Ländern, Territorien oder Seegebieten oder bezüglich des Verlaufs ihrer Grenzen. Gestrichelte Linien in Karten geben den ungefähren Verlauf von Grenzen an, über die u. U. noch keine vollständige Einigkeit besteht. Die Position der Vereinten Nationen in der Jerusalem-Frage wird in der Resolution 181 (II) der Generalversammlung vom 29. November 1947 sowie in späteren Resolutionen der Generalversammlung und des Sicherheitsrats bezüglich dieser Frage zum Ausdruck gebracht.

Bitte zitieren Sie diese Publikation wie folgt:
OECD/FAO (2025), *OECD/FAO-Unternehmenshandbuch zu Entwaldung und Sorgfaltspflichten in landwirtschaftlichen Lieferketten*, OECD Publishing, Paris, https://doi.org/10.1787/f7f03bfa-de.

ISBN 978-92-64-41392-4 (Druckfassung)
ISBN 978-92-64-60564-0 (PDF)
ISBN 978-92-64-94159-5 (HTML)

FAO:
ISBN 978-92-5-139685-8 (Druckfassung und PDF)

Originaltitel: OECD/FAO (2023), *OECD-FAO Business Handbook on Deforestation and Due Diligence in Agricultural Supply Chains*, OECD Publishing, Paris, https://doi.org/10.1787/c0d4bca7-en.
Übersetzung durch den Deutschen Übersetzungsdienst der OECD.

Bildnachweis: Deckblatt © STILLFX/Getty Images.

Korrigenda zu OECD-Publikationen sind verfügbar unter: https://www.oecd.org/en/publications/support/corrigenda.html.

Vorwort

Das *OECD/FAO-Unternehmenshandbuch zu Entwaldung und Sorgfaltspflichten in landwirtschaftlichen Lieferketten* (das *Handbuch*) soll Unternehmen helfen, Entwaldung und Waldschädigung in ihren Due-Diligence-Verfahren zu berücksichtigen. Es stützt sich auf den Rahmen für risikobasierte Due Diligence, der im *OECD/FAO-Leitfaden für verantwortungsvolle landwirtschaftliche Lieferketten* (OECD/FAO-Leitfaden) und im *OECD-Leitfaden für die Erfüllung der Sorgfaltspflicht für verantwortungsvolles unternehmerisches Handeln* dargelegt ist.

Dieses Handbuch ist Teil der Arbeiten der OECD und der FAO zum OECD/FAO-Leitfaden (OECD/FAO, 2016[1]) und zu verantwortungsvollem unternehmerischem Handeln in der Landwirtschaft.

Viele Agrarrohstoffe werden über ein komplexes Netz geschäftlicher Beziehungen beschafft und gehandelt, in das Erzeuger, Landwirt*innen, Händler, Zulieferer und andere Akteure der globalen Lieferketten für Agrarnahrungsmittel eingebunden sind. Die mit der steigenden weltweiten Nachfrage nach Nahrungsmitteln einhergehende Ausweitung der landwirtschaftlichen Nutzflächen kann sich negativ auf Wälder und andere natürliche Ökosysteme auswirken. Geschäftsentscheidungen von Unternehmen, die Agrarrohstoffe und -produkte beziehen, verarbeiten und verkaufen, können folglich Entwaldung oder Waldschädigung verursachen, dazu beitragen oder in direkter Verbindung damit stehen.

Als Reaktion auf Rechtsvorschriften, die die legale Herkunft von Holz sicherstellen sollen (so z. B. die Holzverordnung der Europäischen Union oder der Lacey Act in den USA (APHIS, o. J.[2])), verfolgen Unternehmen und Stakeholder im Holzsektor seit fast 15 Jahren verstärkt Due-Diligence-Ansätze. Um die Erfüllung der Sorgfaltspflichten zu erleichtern und die Risiken zu reduzieren, haben holzexportierende Länder Verifizierungs- oder Sicherungssysteme entwickelt, die die Legalität, Nachhaltigkeit und Rückverfolgbarkeit von Holzerzeugnissen nachweisen und dokumentieren. Parallel dazu haben die Vereinten Nationen und die OECD Empfehlungen und Leitlinien zu der Frage erarbeitet, wie Unternehmen risikobasierte Sorgfaltspflichten in ihre Geschäftsentscheidungen und -beziehungen aufnehmen können, um Lieferkettenrisiken mit Auswirkungen auf die Menschen und den Planeten zu ermitteln und anzugehen. In Zusammenarbeit mit Stakeholdern aus Bauernverbänden, der Zivilgesellschaft und betroffenen Unternehmen wurden Empfehlungen erarbeitet, wie die Agrarnahrungsmittelindustrie ökologische und soziale Risiken reduzieren kann. Vielen Unternehmen ist indessen nach wie vor nicht klar, wie sich Entwaldungs- und Waldschädigungsrisiken in ihren Lieferketten äußern können und welche Maßnahmen sie als Unternehmen konkret ergreifen können, um diese Risiken durch risikobasierte Due-Diligence-Prüfungen zu erkennen, zu verhindern und zu beseitigen.

Dieses Handbuch soll den Unternehmen bei diesen Maßnahmen und Prüfungen helfen, gegebenenfalls unter Einbeziehung bereits bestehender Maßnahmen zur Legalitätssicherung von Holz. Es richtet sich an Agrarnahrungsmittelunternehmen, die Rohstoffe bzw. Produkte beschaffen oder verwenden, die mit Entwaldung oder Waldschädigung verbunden sein können. Die Auswirkungen auf die Wälder entstehen am Anfang der Lieferkette, die nachgelagerten Unternehmen treiben jedoch die Nachfrage nach diesen Rohstoffen, womit sie die Entwaldungsrisiken vergrößern. Dieses Handbuch ist daher auf Unternehmen entlang der gesamten Lieferkette von der Produktion bis zum Einzelhandel ausgerichtet.

Eine von der OECD und der FAO eingerichtete Multi-Stakeholder-Sachverständigengruppe (MSWG), in der u. a. Unternehmen, staatliche Stellen, Zivilgesellschaft und Wissenschaft vertreten waren, half bei der Ausarbeitung dieses Handbuchs und lieferte wertvolle Beiträge, die Unternehmen bei der Operationalisierung risikobasierter Sorgfaltspflichten zur Bekämpfung der Entwaldung helfen können. Zusätzlich zum Feedback der MSWG fand von Juni bis Juli 2022 eine informelle öffentliche Konsultation statt.

Dank

Die OECD und die FAO danken allen Stakeholdern, die an der Ausarbeitung dieses Handbuchs mitgewirkt haben, von Unternehmen, Wissenschaft, Organisationen der Zivilgesellschaft und Zertifizierungsstellen bis hin zu staatlichen Stellen aus aller Welt. Besonderer Dank gilt dabei Duncan Brack, der als unabhängiger Experte die Redaktion des Handbuchs in Zusammenarbeit mit der OECD, der FAO und der Multi-Stakeholder-Arbeitsgruppe (MSWG) leitete.

Im OECD-Zentrum für verantwortungsbewusstes unternehmerisches Handeln waren Shivani Kannabhiran, Sophia Gnych und Sebastian Weber federführend an den Arbeiten beteiligt. Die OECD dankt außerdem der Arbeitsgruppe Verantwortungsbewusstes unternehmerisches Handeln (WPRBC) und der Arbeitsgruppe Agrarpolitik und -märkte (APM) für ihre Beiträge und Kommentare zu diesem Handbuch.

Aufseiten der Ernährungs- und Landwirtschaftsorganisation der Vereinten Nationen (FAO) waren Tomislav Ivančić, Caroline Merle und Kristin DeValue unter der Aufsicht von Pascal Liu, Tiina Vähänen und Serena Fortuna für die Redaktion des Handbuchs zuständig. Besondere Anerkennung gebührt Astrid Agostini und den Kolleg*innen in den FAO-Abteilungen für Forstwirtschaft und für Märkte und Handel sowie in den FAO-Büros weltweit, die die Arbeit an diesem Handbuch fachlich unterstützten.

Dieses Handbuch wird vom Bundesministerium für wirtschaftliche Zusammenarbeit und Entwicklung (BMZ) in Deutschland finanziert und von der Deutschen Gesellschaft für Internationale Zusammenarbeit (GIZ) gefördert. Franziska Rau, Beraterin bei der Initiative für Nachhaltige Agrarlieferketten (INA), GIZ, leistete im Namen des INA-Entwaldungsteams einen wertvollen Beitrag zum Handbuch.

Inhaltsverzeichnis

Tabellen

Abbildungen

Zusammenfassung

Der *OECD/FAO-Leitfaden für verantwortungsvolle landwirtschaftliche Lieferketten* (OECD/FAO-Leitfaden) hilft Unternehmen im Agrarsektor, bestehende internationale Standards für verantwortungsvolles unternehmerisches Handeln in Agrarlieferketten einzuhalten. Der OECD/FAO-Leitfaden zeugt von der zunehmenden Erkenntnis, dass risikobasierte Due-Diligence-Prüfungen ein probates Mittel für Unternehmen sind, um Risiken in ihren Geschäftstätigkeiten und globalen Lieferketten zu erkennen und auf sie zu reagieren. Zusätzlich zu den Due-Diligence-Maßnahmen der Unternehmen haben mehrere Staaten verbindliche Sorgfaltspflichten für globale Lieferketten eingeführt oder arbeiten daran. Dazu gehören auch Maßnahmen zur Entwaldungsbekämpfung.

Geschäftsentscheidungen von Unternehmen, die Agrarrohstoffe oder Nahrungsmittelerzeugnisse beziehen, verarbeiten und verkaufen, können Auswirkungen auf Wälder haben und zu Entwaldung führen. Angesichts der erheblichen Entwaldungsrisiken im Beschaffungsbereich können sie aber auch weiterreichende Auswirkungen auf Ökosysteme und die von ihnen abhängigen Menschen haben. Vielen Unternehmen ist indessen nicht klar, wie sich Entwaldungs- und Waldschädigungsrisiken in ihren Lieferketten äußern können und welche Maßnahmen sie konkret ergreifen können, um diese Risiken durch risikobasierte Due-Diligence-Maßnahmen zu erkennen, zu verhindern und zu beseitigen.

Dieses Handbuch der OECD und der FAO soll Unternehmen helfen, die Entwaldung und Waldschädigungsproblematik bei ihren Bemühungen um eine verantwortungsvolle Beschaffung und der Erfüllung unternehmerischer Sorgfaltspflichten zu berücksichtigen. Es beruht auf den umfangreichen Arbeiten und Erfahrungen der FAO im Bereich der Eindämmung von Entwaldung und Waldschädigung sowie der Förderung eines verantwortungsvollen Umgangs mit Landrechten. Das Handbuch stützt sich auf die führenden internationalen, staatlich geförderten Standards für Lieferkettensorgfaltspflichten und verantwortungsvolles unternehmerisches Handeln, nämlich die *OECD-Leitsätze für multinationale Unternehmen zu verantwortungsvollem unternehmerischem Handeln* und den entsprechenden Due-Diligence-Rahmen, der mit dem *OECD/FAO-Leitfaden für verantwortungsvolle landwirtschaftliche Lieferketten* und dem *OECD-Leitfaden für die Erfüllung der Sorgfaltspflicht für verantwortungsvolles unternehmerisches Handeln* geschaffen wurde. Dieses Handbuch veranschaulicht, wie der OECD/FAO-Leitfaden angewandt werden kann, um gegen Entwaldung vorzugehen, indem es bestehende Empfehlungen im Kontext darstellt und den Nutzer*innen hilft, proaktiv Due-Diligence-Maßnahmen einzuführen und mögliche Entwaldungsrisiken in ihren Lieferketten zu verringern.

Einführung

In diesem Kapitel wird das Handbuch vorgestellt und erläutert, für wen es erarbeitet wurde. Außerdem werden wichtige Begriffe definiert.

Das *OECD/FAO-Unternehmenshandbuch zu Entwaldung und Sorgfaltspflichten in landwirtschaftlichen Lieferketten* (*OECD/FAO Business Handbook on Deforestation and Due Diligence in Agricultural Supply Chains*) soll Unternehmen helfen, Entwaldung und Waldschädigung in ihren Due-Diligence-Verfahren zu berücksichtigen. Es baut auf dem Rahmen für risikobasierte Due Diligence auf, der im OECD/FAO-Leitfaden und im *OECD-Leitfaden für die Erfüllung der Sorgfaltspflicht für verantwortungsvolles unternehmerisches Handeln* dargelegt ist.

Das Handbuch enthält Hintergrundinformationen und Ressourcen und empfiehlt praktische Maßnahmen, die Unternehmen ergreifen können, wenn sie die einzelnen Schritte einer risikobasierten Due-Diligence-Prüfung gemäß dem OECD/FAO-Leitfaden umsetzen. Es stützt sich auf aktuelle Unternehmenspraktiken sowie verfügbare Instrumente und Ressourcen, Daten und Kennzahlen, die Unternehmen bei der Entscheidung helfen können, wie sie Entwaldung und Waldschädigung am besten ermitteln und vermeiden können.

Wichtige Definitionen

Entwaldung: Die FAO definiert Entwaldung als die Umwandlung von Wald in andere Landnutzungsformen, unabhängig davon, ob sie vom Menschen verursacht wird oder nicht (FAO, 2020[3]).

Waldschädigung: Es gibt keine FAO- oder sonstige Standarddefinition für Waldschädigung; die FAO hält die Länder an, diesen Begriff selbst zu definieren. Die Definition im Accountability Framework, die von einer Gruppe internationaler NRO stammt und außer für Wald auch für andere natürliche Ökosysteme gilt, lautet folgendermaßen: „Veränderungen innerhalb eines natürlichen Ökosystems, die seine Artenzusammensetzung, Struktur und/oder Funktion signifikant und negativ beeinflussen und die Kapazität dieses Ökosystems, Produkte zu liefern, die biologische Vielfalt zu unterstützen und/oder Ökosystemleistungen zu erbringen, verringern" (AFi, o. J.[4]).

Eine vollständige Liste der Definitionen findet sich im Glossar.

Für wen ist dieses Handbuch bestimmt?

Das Handbuch richtet sich an Unternehmen, die in Lieferketten für Agrarnahrungsmittel eingebunden sind und Rohstoffe bzw. Produkte beziehen oder verwenden, die mit Entwaldung oder Waldschädigung verbunden sein könnten. Es befasst sich zwar in erster Linie mit den Auswirkungen von Landnutzung, Bepflanzung und Ernte auf Wälder, kann jedoch von Unternehmen entlang der gesamten Lieferkette, von der Produktion bis zum Einzelhandel, verwendet werden.

Unternehmen integrieren zunehmend risikobasierte Due-Diligence-Ansätze in ihre Leitlinien und Verfahren, um eine verantwortungsvolle Beschaffung und verantwortungsvolles unternehmerisches Handeln zu fördern. Viele kleine und mittlere Unternehmen (KMU) tun sich schwer, die Handels- und Markterfordernisse für verantwortungsvolles unternehmerisches Handeln zu erfüllen, insbesondere was die Entwaldung betrifft. Um kleineren Unternehmen beim Vorgehen gegen Entwaldung zu helfen, enthält jedes Kapitel dieses Handbuchs einen Kasten mit Vorschlägen für KMU, um ihnen die Einführung einer risikobasierten Due Diligence im Einklang mit dem OECD/FAO-Leitfaden zu erleichtern.

Das Handbuch kann auch ein nützliches Instrument für Finanzinstitute sein, um die Leitlinien und Aktivitäten potenzieller Geschäftspartner im Hinblick auf Sorgfaltspflichten und potenzielle Entwaldung zu prüfen und zu bewerten. In Anhang A des Handbuchs werden entwaldungsbezogene Ressourcen aufgelistet.

Wälder, natürliche Ökosysteme und Umwandlung

Der in diesem Handbuch beschriebene Due-Diligence-Rahmen gilt sowohl für Entwaldung als auch für Waldschädigung. Aus Gründen der einfacheren Lesbarkeit wird hier der Begriff „Entwaldung" für beides verwendet.

Wälder sind nicht das einzige natürliche Ökosystem, das durch die Umstellung auf landwirtschaftliche Produktion beeinträchtigt werden kann. Savannen, Grünland, Moore und Feuchtgebiete beispielsweise können durch die Landnutzung ebenfalls gefährdet sein. Viele Due-Diligence-Leitlinien von Unternehmen erfassen heute neben der Entwaldung auch die Umwandlung dieser Ökosysteme und enthalten z. B. Verweise auf den Schutz von Gebieten mit hohem Erhaltungswert und Flächen mit hohem Kohlenstoffbestand. Dieses Handbuch konzentriert sich ausschließlich auf Wälder, die darin beschriebenen Due-Diligence-Schritte gelten jedoch im Allgemeinen auch für die Umwandlung anderer natürlicher Ökosysteme.

Eine vollständige Liste der Definitionen findet sich im Glossar.

Wälder und Entwaldung

Dieses Kapitel bietet eine Einführung in die Thematik der Entwaldung und Waldschädigung im Kontext globaler Lieferketten. Es beschreibt das Ausmaß des Problems und seinen Ursprung in der Rohstoffproduktion und -beschaffung sowie die Entwicklungsherausforderungen, die in verschiedenen Kontexten zur Entwaldung beitragen können.

Gesunde Wälder sind für die drei Säulen einer nachhaltigen Entwicklung – die wirtschaftliche, soziale und ökologische Säule – von entscheidender Bedeutung. Wälder sind wichtig für die Sicherung des Unternehmenswachstums und der Arbeitsplätze im Agrarsektor und die globale Ernährungssicherheit. Waldökosysteme sind als größte terrestrische Kohlenstoffsenke entscheidend für die Erfüllung der Klimaziele. Außerdem regulieren sie den Regen- und Wasserkreislauf und tragen zur Erhaltung einer stabilen lokalen Umwelt bei, was für die Sicherung von Lebensgrundlagen und eine nachhaltige landwirtschaftliche Produktion unerlässlich ist. Weltweit sind ungefähr 1,6 Milliarden Menschen, darunter etwa 70 Millionen Angehörige indigener Völker, auf Wälder angewiesen, um ihren Lebensunterhalt zu sichern. Wälder beherbergen mehr als 60 000 verschiedene Baumarten und bieten Lebensraum für die überwiegende Mehrheit der Tierarten (FAO, 2020[3]; FAO und UNEP, 2020[5]).

2020 waren 31 % der weltweiten Landfläche – 4 Milliarden Hektar – von Wald bedeckt. Seit 1990 sind schätzungsweise 420 Millionen Hektar Wald durch Abholzung verloren gegangen (FAO, 2020[3]). Die Entwaldungsrate zwischen 2015 und 2020 wird auf 10 Millionen Hektar pro Jahr geschätzt, wenngleich sich die Wälder in einigen Teilen der Welt durch Aufforstung und Wiederaufforstung etwas erholt haben (FAO, 2020[3]). Der Verlust von Wäldern, insbesondere Naturwäldern, war in diesem Zeitraum in den Tropen besonders hoch (vgl. Abbildung 1).

Waldschädigung ist eine Folge von nicht nachhaltiger Abholzung, Verwendung von Holz als Brennstoff, Wanderfeldbau, Beweidung oder Bränden und betrifft Waldökosysteme sowohl in tropischen als auch in gemäßigten und borealen Biomen. In all diesen Fällen kann wieder Wald nachwachsen, diese Aktivitäten reduzieren die Waldbedeckung generell jedoch schneller, als sie sich auf natürliche Weise erholt, und beeinträchtigen folglich die Artenvielfalt in diesen Wäldern (FAO und UNEP, 2020[5]). Waldschädigung ist schwer zu messen, Studien zufolge ist der Gesamteffekt des Verlusts an Baumbedeckung – gemessen an den CO_2-Emissionen – jedoch zu etwa einem Drittel darauf zurückzuführen (Federici et al., 2015[6]).

Abbildung 1. Entwaldung, 2000–2018

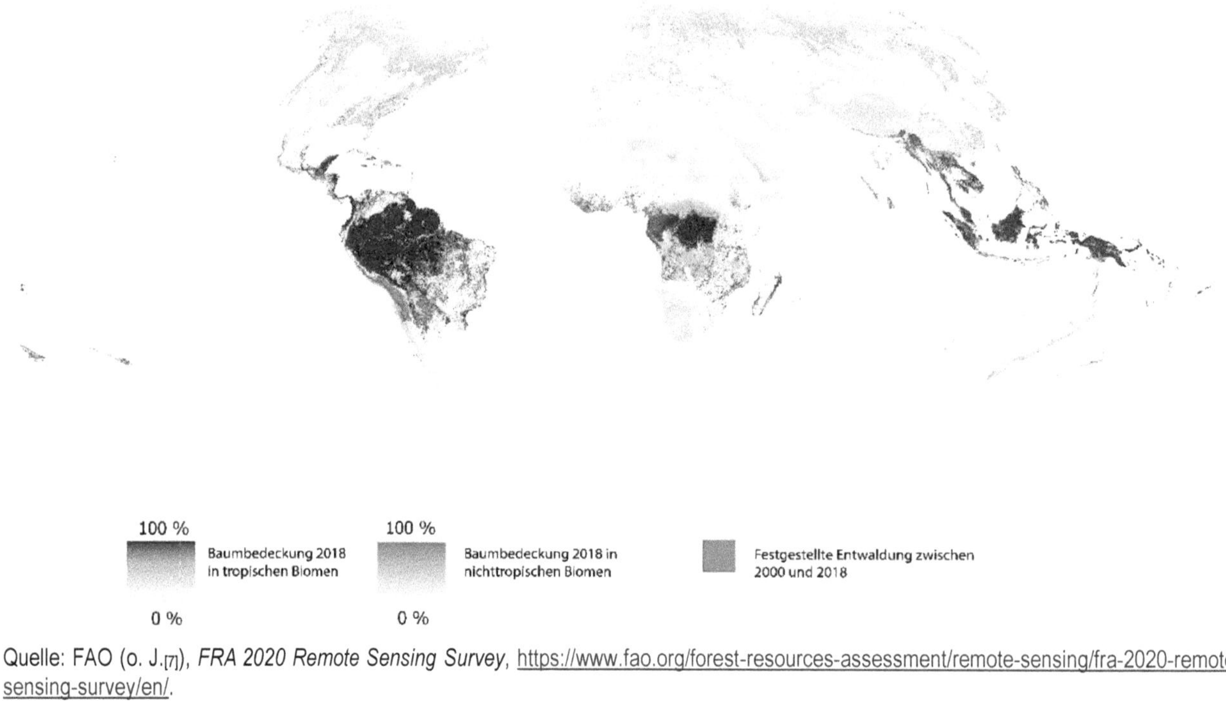

Quelle: FAO (o. J.[7]), *FRA 2020 Remote Sensing Survey*, https://www.fao.org/forest-resources-assessment/remote-sensing/fra-2020-remote-sensing-survey/en/.

Auswirkungen der Agrarproduktion auf die Wälder

Die landwirtschaftliche Produktion kann Entwaldung vorantreiben, aber auch durch Entwaldung beeinträchtigt werden. Laut Schätzungen der globalen Fernerkundungserhebung (Remote Sensing Survey) der FAO zu Waldressourcen waren zwischen 2000 und 2018 fast 90 % der weltweiten Entwaldung auf eine Ausweitung der landwirtschaftlichen Nutzflächen zurückzuführen – 52 % der betroffenen Waldgebiete wurden in Anbauflächen, 38 % in Viehweiden umgewandelt (FAO, 2021[8]). Abbildung 2 veranschaulicht die wichtigsten Treiber der Entwaldung nach Regionen. Entwaldung kann zusammen mit dem Klimawandel die Agrarproduktion jedoch auch stark beeinträchtigen, was wiederum erhebliche Auswirkungen auf die Nahrungsmittelverfügbarkeit und -nachfrage haben kann.[1]

Abbildung 2. Wichtigste Treiber der Entwaldung in den Weltregionen

Treiber der Entwaldung nach Region, 2000–2018 (in Mha)

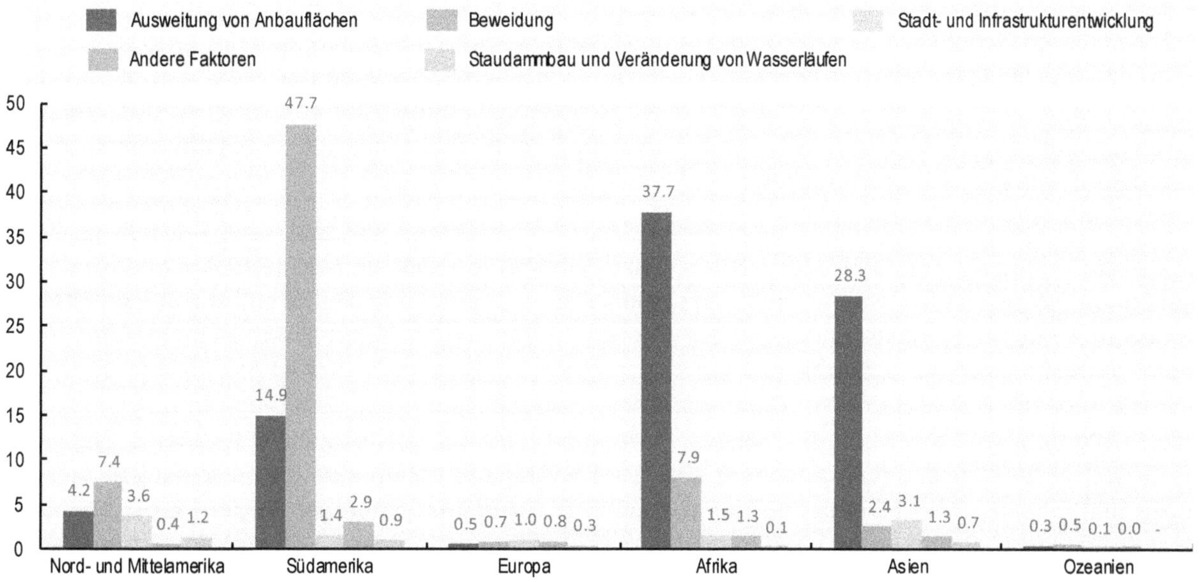

Quelle: FAO (o. J.[7]), *FRA 2020 Remote Sensing Survey*, https://www.fao.org/forest-resources-assessment/remote-sensing/fra-2020-remote-sensing-survey/en/.

Der Zusammenhang zwischen Entwaldung und Agrarproduktion basiert auf mehreren Faktoren (Geist und Lambin, 2002[9]). Wachstum und Entwicklung haben Millionen von Menschen aus der Armut befreit, zugleich jedoch auch die Nachfrage nach Nahrungsmitteln erhöht und die Lebens- und Ernährungsgewohnheiten der Menschen verändert: Sie konsumieren weniger Grundnahrungsmittel und mehr Fleisch, Milchprodukte, Obst und Gemüse sowie verarbeitete Nahrungsmittel. Diese Trends dürften sich fortsetzen (OECD/FAO, 2021[10]), da die Weltbevölkerung bis 2050 voraussichtlich auf 9,7 Milliarden Menschen ansteigen wird (VN, 2019[11]). Unter Berücksichtigung von Ernährungsumstellungen und anderen Faktoren bedeutet dies einen Anstieg der Nahrungsmittelnachfrage um 35–56 % (Van Dijk et al., 2021[12]). Dadurch könnte die Nachfrage nach Land steigen und der Druck auf die Wälder zunehmen.

Die Liberalisierung von Handel und Wirtschaft hat das Wachstum der globalen Lieferketten gefördert; schätzungsweise ein Drittel der Agrarnahrungsmittelexporte findet heute innerhalb globaler Wertschöpfungsketten statt (FAO, 2022[13]). Obwohl die Entwaldung an bestimmten Orten am Anfang der Lieferkette stattfindet, ist das Engagement der nachgelagerten Unternehmen und Zulieferer entscheidend, um das Entwaldungsrisiko in ihren Rohstofflieferketten zu adressieren.

Ein erheblicher Teil der Umwandlung von Wald in landwirtschaftliche Nutzflächen erfolgt illegal. Einer 2021 veröffentlichten umfassenden Erhebung zufolge wurden schätzungsweise 69 % der zwischen 2013 und 2019 in Agrarland umgewandelten Tropenwälder unter Missachtung der nationalen Gesetze und Vorschriften abgeholzt (Dummett et al., 2021[14]). Der illegale Holzeinschlag (zur Gewinnung von Nutzholz) stellt in vielen Ländern nach wie vor ein ernstes Problem dar; der Wert des internationalen Handels mit illegal geschlagenem Holz wird auf 50–150 Mrd. USD pro Jahr geschätzt (Weltbank, 2019[15]).

Agrarrohstoffe und Entwaldung

Studien über die oben erwähnten Faktoren zeigen, dass die Entwaldung zu landwirtschaftlichen Zwecken häufig auf eine bestimmte Gruppe von Rohstoffen zurückzuführen ist (Pendrill et al., 2019[16]). Die Geschäftsentwicklung, die Nachfrage und der Handel können im Zeitverlauf jedoch schwanken. Weder das Angebot noch die Nachfrage sind unveränderlich, und die wachsende Nachfrage nach neuen Agrarprodukten kann die Entwaldung in anderen Gebieten, z. B. in gemäßigten Klimazonen, vorantreiben.

Die internationale Aufmerksamkeit konzentriert sich im Allgemeinen auf die Beeinträchtigung der Wälder durch bestimmte Rohstoffe, deren Produktion und Export in den letzten Jahrzehnten gestiegen ist, was häufig mit einer Ausdehnung der landwirtschaftlichen Nutzflächen zulasten der Waldbedeckung einherging. Rohstoffe, die nach der Entwaldung in einem Gebiet gewonnen oder angebaut werden, gelten als „direkte Treiber" der Entwaldung. Entwaldung entsteht jedoch nicht durch die Rohstoffe selbst, sondern durch die Art, wie sie produziert werden.

Eine kleine Gruppe von Rohstoffen steht besonders im Fokus, weil sie häufig auf Flächen produziert werden, die in jüngster Zeit entwaldet wurden. Dazu gehören Rindfleisch, Milchprodukte und Rindsleder, Sojabohnen, Palmöl, Kakao, Kaffee, Holz und Gummi. Dementsprechend sind öffentliche und private Maßnahmen und Multi-Stakeholder-Initiativen zur Förderung von nachhaltigeren, waldschonenden Produktionsmodellen in der Regel rohstoffspezifisch ausgerichtet. Ein Beispiel hierfür ist das im Jahr 2006 unterzeichnete Amazon Soy Moratorium. Darin verpflichten sich 90 % der auf dem brasilianischen Sojamarkt tätigen Unternehmen, den Kauf von Soja zu vermeiden, das auf vor Kurzem entwaldeten Flächen im brasilianischen Amazonasgebiet angebaut wird. Darüber hinaus haben sich die Regierungen von Côte d'Ivoire und Ghana sowie 35 führende Kakao- und Schokoladenunternehmen in der Forest and Cocoa Initiative zusammengeschlossen, um die mit dem Kakaoanbau verbundene Entwaldung zu beenden und Waldgebiete wiederherzustellen.

Globale Initiativen gegen Entwaldung

Derzeit werden verstärkte Anstrengungen unternommen, um die Rohstoffproduktion von der Entwaldung zu entkoppeln. Die internationalen Ziele zur Reduzierung der Entwaldung, insbesondere die vor 2020 beschlossenen Ziele (vgl. Tabelle 1), haben sich als herausfordernd erwiesen. Sie haben aber zahlreiche Unternehmen, die mit Entwaldung verbundene Rohstoffe produzieren, handeln oder nutzen, dazu veranlasst, Maßnahmen zu ergreifen. Bei Unternehmen, die mit Nutzholz, Palmöl oder Kakao handeln bzw. diese Rohstoffe verwenden, sind Verpflichtungen zur Beendigung oder Reduzierung der Entwaldung in den Lieferketten inzwischen üblich; bei anderen Rohstoffen ist dies seltener der Fall. Von 675 Unternehmen, die 2021 Waldrisiken in ihren Lieferketten an CDP meldeten, hatten 66 % entwaldungsbezogene Leitlinien. Allerdings verfolgten nur 38 % eine allgemeine oder rohstoffspezifische unternehmensweite Politik der Entwaldungs- oder Umwandlungsfreiheit (CDP/AFi, 2022[17]).

Tabelle 1 enthält Beispiele für die vielfältigen internationalen Initiativen gegen Entwaldung in den Lieferketten für Agrar- und Holzprodukte seit 2010,[2] darunter Soft Law, die Ziele für nachhaltige Entwicklung (SDG), Initiativen des privaten Sektors sowie Multi-Stakeholder-Initiativen.

Tabelle 1. Beispiele für internationale Initiativen gegen Entwaldung

Gründungsdatum/ Verabschiedung	Organisation/Initiative	Verpflichtungen
2008–2015	REDD, später REDD+ – Mechanismus der VN-Klimarahmenkonvention zur Reduktion von Emissionen aus Entwaldung und Schädigung von Wäldern	Leitlinien für Aktivitäten im Forstsektor, die die Emissionen aus Entwaldung und Waldschädigung reduzieren, sowie für eine nachhaltige Bewirtschaftung von Wäldern und die Erhaltung und Ausweitung der Kohlenstoffspeicher in Wäldern in Entwicklungsländern.
2010	Consumer Goods Forum (globales Branchennetzwerk von Einzelhändlern, Produzenten und Dienstleistern)	Netto-Null-Entwaldung in den Lieferketten der Mitglieder bis 2020 bei wichtigen Rohstoffen: Soja, Palmöl, Nutzholz, Papier und Zellstoff, Rindfleisch.
2012	Tropical Forest Alliance (globale Partnerschaft von Regierungen, Unternehmen, zivilgesellschaftlichen Organisationen, indigenen Völkern, lokalen Gemeinschaften und VN-Einrichtungen)	Verringerung der Entwaldung in den Tropen im Zusammenhang mit der Gewinnung von Rohstoffen wie Palmöl, Soja, Rinderprodukten sowie Papier und Zellstoff. Fördert und unterstützt regionale Multi-Stakeholder-Initiativen.
2014	New York Declaration on Forests (zu den Unterzeichnern gehören inzwischen über 200 nationale Regierungen und nachgeordnete Gebietskörperschaften, Unternehmen sowie Organisationen, die die Zivilgesellschaft, lokale Gemeinschaften und indigene Bevölkerungsgruppen vertreten)	Den weltweiten Verlust an Naturwäldern bis 2020 mindestens halbieren und nach Möglichkeit bis 2030 beenden; das Ziel des privaten Sektors unterstützen, die Entwaldung für die Produktion von Agrarrohstoffen bis spätestens 2020 zu beenden; die durch andere Wirtschaftssektoren verursachte Entwaldung bis 2020 deutlich reduzieren.
2015	VN-Ziele für nachhaltige Entwicklung (SDG)	SDG 15.2: „Bis 2020 die nachhaltige Bewirtschaftung aller Waldarten fördern, die Entwaldung beenden, geschädigte Wälder wiederherstellen und die Aufforstung und Wiederaufforstung weltweit beträchtlich erhöhen." (Sowie SDG 12.6: „Die Unternehmen, insbesondere große und transnationale Unternehmen, dazu ermutigen, nachhaltige Verfahren einzuführen und in ihre Berichterstattung Nachhaltigkeitsinformationen aufzunehmen.")
2020	Consumer Goods Forum Forest-Positive Coalition of Action	Koalition führender Unternehmen, die durch integrierte Multi-Stakeholder-Landnutzungsinitiativen in wichtigen Produktionslandschaften entwaldungs- und umwandlungsfreie Unternehmen fördern. Rohstoffspezifische Aktionspläne für Soja, Palmöl, Rindfleisch sowie Zellstoff und Papier.
2021	Glasgow-Erklärung der Staats- und Regierungschefs zu Wäldern und Landnutzung (unterzeichnet von 141 Ländern auf der 26. VN-Klimakonferenz [COP26])	Gemeinsam darauf hinarbeiten, den Verlust an Waldflächen und die Landdegradation bis 2030 aufzuhalten und umzukehren, und zugleich eine nachhaltige Entwicklung und inklusive Transformation in ländlichen Gebieten fördern. Konkret verpflichten sich die Unterzeichner, auf internationaler und nationaler Ebene eine Handels- und Entwicklungspolitik zu ermöglichen, die nachhaltige Entwicklung sowie nachhaltige Rohstoffproduktion und nachhaltigen Rohstoffverbrauch fördert, zum gegenseitigen Nutzen der Länder beiträgt und kein Treiber für Entwaldung und Landdegradation ist.
2021	Forest, Agriculture and Commodity Trade (FACT) Dialogue Roadmap for Action (Erklärung von 27 Ländern und der EU [die größten Produzenten und Konsumenten international gehandelter Agrarrohstoffe] bei der COP26)	Das Ziel besteht darin, nachhaltige Entwicklung und nachhaltigen Handel mit Agrarrohstoffen zu fördern und zugleich Wälder und andere kritische Ökosysteme zu schützen und nachhaltig zu bewirtschaften; die Roadmap umfasst Vorschläge für Maßnahmen in den Bereichen Handel und Marktentwicklung, Unterstützung landwirtschaftlicher Kleinstbetriebe, Rückverfolgbarkeit und Transparenz sowie Forschung, Entwicklung und Innovation.

In einer Reihe von Verbraucherländern wurden Initiativen gestartet, um sicherzustellen, dass der gesamte nationale Markt ab einem bestimmten Stichtag nur noch mit zertifizierten nachhaltigen Rohstoffen – insbesondere bei Palmöl und Kakao – versorgt wird; manchmal beteiligt sich auch der Staat an diesen freiwilligen Initiativen. In mehreren Erzeugerländern wurden ähnliche Allianzen geschlossen, so z. B. das Zero-Deforestation Agreement on Palm Oil in Kolumbien. Eine Reihe von Erzeugerländern hat außerdem eigene nationale Standards und Zertifizierungssysteme für bestimmte Rohstoffe entwickelt; Beispiele hierfür sind die indonesischen und malaysischen Standards für nachhaltiges Palmöl sowie der afrikanische Standard für nachhaltigen Kakao.

In den letzten Jahren wurden zudem rohstoffbezogene Multi-Stakeholder-Gesprächsrunden und Kooperationsplattformen – wie die Africa Sustainable Commodities Initiative – eingerichtet. Außerdem wurden freiwillige Nachhaltigkeitsstandards und damit verbundene Zertifizierungssysteme eingeführt (vgl. Anhang A). Mehrere Finanzinstitute haben sich verpflichtet, keine Finanzmittel für Aktivitäten bereitzustellen, die mit Entwaldung zusammenhängen.[3]

Gesetzliche Regelungen zu Entwaldung und risikobasierten Sorgfaltspflichten

Angesichts der wachsenden Besorgnis über Klimawandel und Entwaldung verpflichten einige Staaten die Unternehmen zu Due-Diligence-Prüfungen, um Risiken in ihrer Geschäftstätigkeit und ihren Lieferketten, einschließlich der Entwaldung, entgegenzuwirken. Diese Verpflichtungen ergänzen die oben genannten Initiativen und umfassen:

- allgemeine unternehmerische Sorgfaltspflichten, die für die gesamte Geschäftstätigkeit und die Lieferketten eines Unternehmens gelten, nicht auf bestimmte Sektoren oder Produkte begrenzt sind und nicht an das Inverkehrbringen der Produkte gebunden sind
- die Auflage, Due-Diligence-Prüfungen in Bezug auf bestimmte Kriterien (z. B. legale Produktion oder Null-Entwaldung) durchzuführen, bevor bestimmte Produkte in Verkehr gebracht, importiert oder exportiert werden können

Die in diesem Handbuch beschriebenen risikobasierten Due-Diligence-Maßnahmen gemäß OECD/FAO-Leitfaden können den Unternehmen helfen, diese Verpflichtungen zu erfüllen.[4]

Due Diligence in Agrarlieferketten

In diesem Kapitel wird das Gesamtkonzept der risikobasierten Due Diligence vorgestellt, das im *OECD/FAO-Leitfaden für verantwortungsvolle landwirtschaftliche Lieferketten* dargelegt ist.

Unter „Due Diligence“ wird der Prozess verstanden, über den Unternehmen die tatsächlichen und potenziellen negativen Effekte ihrer eigenen Geschäftstätigkeit, ihrer Lieferketten und ihrer sonstigen Geschäftsbeziehungen ermitteln, verhindern, mindern und darüber Rechenschaft ablegen. Dieser Ansatz wird im *OECD/FAO-Leitfaden für verantwortungsvolle landwirtschaftliche Lieferketten* (OECD/FAO-Leitfaden) und im sektorübergreifenden *Leitfaden für die Erfüllung der Sorgfaltspflicht für verantwortungsvolles unternehmerisches Handeln* empfohlen (OECD, 2018, S. 15[18]). In diesem Kontext ist Due Diligence also ein wesentlicher Bestandteil der Entscheidungsfindung und des Risikomanagements von Unternehmen. Der Due-Diligence-Rahmen des OECD/FAO-Leitfadens kann von allen Unternehmen genutzt werden, die entlang landwirtschaftlicher Lieferketten tätig sind, von der vorgelagerten Produktion bis zum nachgelagerten Einzelhandel.

Der Due-Diligence-Rahmen des OECD/FAO-Leitfadens

Der Rahmen für risikobasierte Due Diligence des OECD/FAO-Leitfadens beschreibt die Maßnahmen, die ein Unternehmen ergreifen kann, um Risiken in seiner Geschäftstätigkeit sowie in seinen Lieferketten und Geschäftsbeziehungen zu ermitteln, zu verhindern und zu beseitigen. Abbildung 3 veranschaulicht diesen fünfstufigen Prozess und ergänzt ihn um die *„Abhilfe bei negativen Effekten“*, die im sektorübergreifenden *Leitfaden für die Erfüllung der Sorgfaltspflicht für verantwortungsvolles unternehmerisches Handeln* einen sechsten Schritt darstellt. Der Schutz der Wälder und die Vermeidung von Entwaldung werden im OECD/FAO-Leitfaden mehrfach erwähnt, aber nicht im Detail erörtert. Dieses Handbuch ergänzt den OECD/FAO-Leitfaden, indem es beschreibt, wie risikobasierte Due Diligence genutzt werden kann, um Entwaldungsrisiken in globalen Agrarlieferketten zu ermitteln und zu beseitigen.

Abbildung 3. Der Due-Diligence-Rahmen des OECD/FAO-Leitfadens

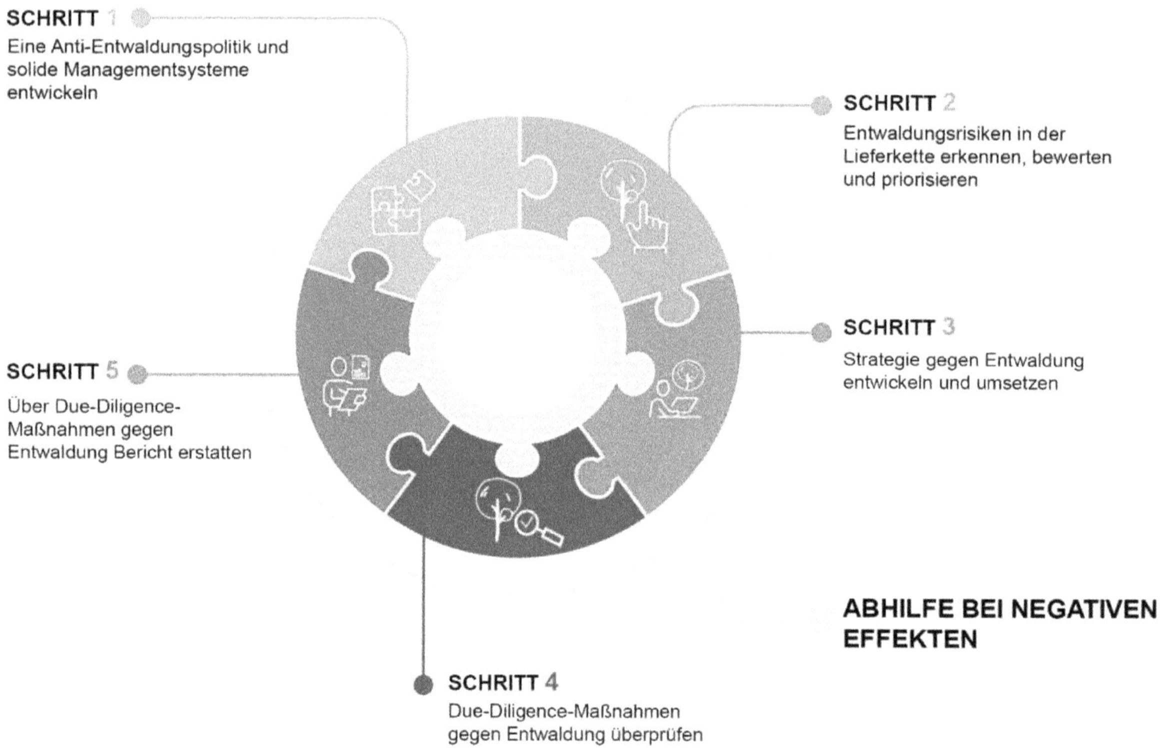

Quelle: Nach OECD-FAO (2016[1]) und OECD (2018[18]).

Die Bedeutung von „Risiko“ im Kontext der Sorgfaltspflichten

Viele Unternehmen beziehen den Begriff „Risiko“ in erster Linie auf Risiken, denen das Unternehmen ausgesetzt ist – finanzielles Risiko, Marktrisiko, operationelles Risiko, Reputationsrisiko usw. Im Bereich des verantwortungsvollen unternehmerischen Handelns bezieht sich „Risiko“ auf den Schweregrad und die Wahrscheinlichkeit negativer Effekte für Menschen, Umwelt und Gesellschaft, die von Unternehmen verursacht werden, zu denen sie beitragen oder mit denen sie durch ihre Geschäftstätigkeit und ihre Beschaffungspraktiken direkt verbunden sind. Es handelt sich also um einen nach außen gerichteten Risikoansatz. Entwaldung kann viele Ursachen haben. Faktoren wie Armut, Menschenrechtsverletzungen, die Rechte, Ressourcen und Kapazitäten lokaler Gemeinschaften und indigener Völker, der ungewisse Status von Land- und Waldrechten sowie Korruption und Schwächen bei der Governance- und Rechtsdurchsetzung sind oft die eigentlichen Ursachen von Entwaldungsrisiken.

Die Beteiligung des Unternehmens an negativen Effekten definieren

Ein Unternehmen kann negative Effekte verursachen, zu ihnen beitragen oder über seine Geschäftstätigkeit, Produkte und Dienstleistungen durch eine Geschäftsbeziehung direkt mit ihnen verbunden sein (vgl. Abbildung 4). Es ist wichtig, dass sich die Unternehmen darüber bewusst sind, auf welche Weise sie an Entwaldung oder Entwaldungsrisiken beteiligt sind, damit sie entsprechend reagieren können. Je nachdem, in welcher Form sie an den negativen Effekten beteiligt sind, können sie unmittelbare Abhilfemaßnahmen ergreifen, die betreffenden Aktivitäten einstellen oder deren potenzielle Effekte verhindern oder Einfluss auf die Einheit ausüben, die die Effekte verursacht.

Abbildung 4. Umgang mit negativen Effekten je nach Beteiligung des Unternehmens

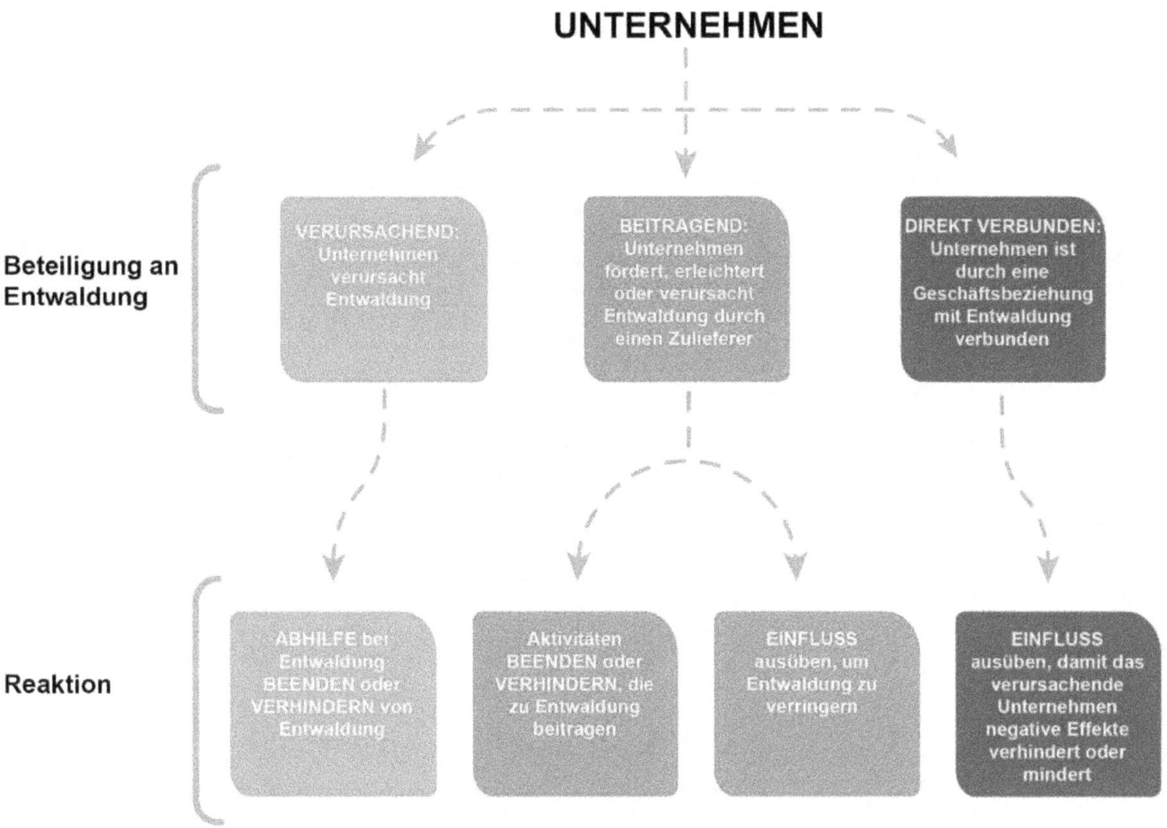

Quelle: Nach OECD (2018[18]), *OECD-Leitfaden für die Erfüllung der Sorgfaltspflicht für verantwortungsvolles unternehmerisches Handeln* und OECD/FAO (2016[1]), *OECD/FAO-Leitfaden für verantwortungsvolle landwirtschaftliche Lieferketten*, Kasten 1.2.

Ein Unternehmen *verursacht* einen negativen Effekt, wenn die Handlungen des Unternehmens selbst zu diesem Effekt führen. Wenn ein landwirtschaftliches Unternehmen beispielsweise Nutzpflanzen auf Flächen produziert, die von ihm gerodet wurden, wird es als Verursacher dieses Effekts betrachtet. Negative Effekte können auch durch Untätigkeit (Unterlassung) entstehen.

Ein Unternehmen *trägt* zu einem negativen Effekt *bei*, wenn seine Aktivitäten in Kombination mit denen anderer Einheiten zu diesem Effekt führen oder wenn das Unternehmen einen negativen Effekt einer anderen Einheit verursacht, erleichtert oder fördert. Der Beitrag muss erheblich sein, d. h., es darf sich nicht um geringfügige oder unerhebliche Beiträge handeln. Ein Agrarunternehmen kann beispielsweise zu einem negativen Effekt beitragen, wenn es eine Konzession für die Errichtung einer Plantage erwirbt, obwohl es weiß, dass für die Erteilung der Konzession Wälder gerodet werden müssen.

Ein Unternehmen ist *direkt* mit einem negativen Effekt *verbunden*, wenn dieser Effekt durch eine Geschäftsbeziehung mit seiner Geschäftstätigkeit, seinen Produkten oder seinen Dienstleistungen verbunden ist. Die Geschäftsbeziehungen eines Unternehmens umfassen Einheiten in der Lieferkette, die direkt mit seiner Geschäftstätigkeit, seinen Produkten und seinen Dienstleistungen verbunden sind. Geschäftsbeziehungen gehen über Beziehungen zu Vertragspartnern, Tier-1-Lieferanten und andere unmittelbare Geschäftsverbindungen hinaus. Sie erstrecken sich beispielsweise auch auf Hersteller, verarbeitende Unternehmen oder Händler in der Lieferkette, von denen das Unternehmen seine Produkte oder Rohstoffe bezieht.

Schritt 1: Eine Anti-Entwaldungspolitik und solide Managementsysteme entwickeln

In Schritt 1 des OECD/FAO-Leitfadens geht es darum, in den Unternehmen solide Managementsysteme und Leitlinien zum Vorgehen gegen Entwaldung zu etablieren. Alle weiteren Schritte des OECD/FAO-Due-Diligence-Rahmens bauen darauf auf. In diesem Kapitel wird erörtert, wie Schritt 1 den Unternehmen helfen kann, ihre Verpflichtungen im Kampf gegen die Entwaldung zu erfüllen.

Strategische Fragen für Unternehmen

- Wie ambitioniert sind wir als Unternehmen im Hinblick auf die Entwaldungsfreiheit? Wie definieren wir Wald? Haben wir in unseren Beschaffungspraktiken einen Stichtag für die Entwaldungsfreiheit vorgesehen (vgl. Definition im Glossar)?
- Erfüllt oder übertrifft unsere Anti-Entwaldungspolitik die gesetzlichen Bestimmungen zum Waldschutz in unserem Heimatstaat, Produktionsstaat und unseren wichtigsten Exportmärkten?
- Entspricht unsere Politik den Anforderungen von Investoren, Rechtsberatern, lokalen Gemeinschaften und der Zivilgesellschaft?
- Ist sich das Management des Unternehmens (einschließlich der Board-Mitglieder) bewusst, 1. welche Verpflichtungen das Unternehmen im Hinblick auf die Entwaldung hat, 2. welche Auswirkungen die Entscheidung für eine bestimmte Unternehmenspolitik mit sich bringt, 3. welche Systeme für die Umsetzung dieser Politik erforderlich sind (z. B. die Überprüfung von bestehenden Verträgen und Geschäftsbeziehungen sowie Budget- und Personalfragen) und 4. welche Kosten damit verbunden wären, nicht gegen Entwaldung vorzugehen, sowohl für das Unternehmen selbst (direkte oder indirekte Auswirkungen auf Produktion und Umsatz) als auch global betrachtet (Klimawandel und Biodiversitätsverluste sowie die daraus resultierende mittel- und langfristige Versorgungsunsicherheit bei Agrarrohstoffen)?
- Wurde innerhalb des Unternehmens eine zentrale Anlaufstelle benannt, um die Umsetzung der Due-Diligence-Maßnahmen für eine verantwortungsvolle Beschaffung (und zur Bekämpfung der Entwaldung) zu leiten und mit anderen Abteilungen (wie z. B. Rechtsabteilung, Öffentlichkeitsarbeit/Unternehmenskommunikation, Beschaffung, Marketing) zu koordinieren? Ist die Kommunikation zwischen diesen verschiedenen Stellen ausreichend?
- Welche Zulieferer und sonstigen Stakeholder sollten wir in die Entwicklung unserer Zusagen im Kampf gegen die Entwaldung einbeziehen? Haben wir in unseren Lieferketten vulnerable Produzenten, wie z. B. Kleinstbetriebe, die besondere Unterstützung benötigen, um die Leitlinien des Unternehmens und die regulatorischen Anforderungen zu erfüllen?
- Sind Leistungsindikatoren, die mit dem Erreichen entwaldungsbezogener Due-Diligence-Ziele verknüpft sind, Teil unserer Managementsysteme?
- Welche externen Due-Diligence-Systeme oder -Prozesse nutzen wir, um unser internes Due-Diligence-Management zu unterstützen (z. B. OECD/FAO-Leitfaden, Branchenkodizes, Zertifizierungssysteme für Rohstoffe, Auditprotokolle usw.)?

Entwaldungsbezogene Nachhaltigkeitsleitlinien festlegen oder aktualisieren und in die Unternehmensprozesse integrieren

Bei der Entwicklung einer Unternehmenspolitik gegen Entwaldung kommt es auf folgende Schlüsselelemente an:

- Die Politik gilt für das ganze Unternehmen (einschließlich Tochterunternehmen) und seine Lieferketten. Sie sorgt dafür, dass alle relevanten Abteilungen zusammenarbeiten, um durch verantwortungsvolle Produktions- und Beschaffungspraktiken gemeinsam gegen Entwaldung vorzugehen.
- Sie definiert messbare Zielvorgaben für die Verringerung der Entwaldung und das akzeptable Entwaldungsrisiko in der Geschäftstätigkeit, den Lieferketten und den Geschäftsbeziehungen des Unternehmens. Das Ziel kann beispielsweise darin bestehen, die Entwaldung oder die illegale

Entwaldung auf Null zu reduzieren oder eine Verringerung des Entwaldungsgrads bis zu einem bestimmten Datum zu erreichen. Die Zieldefinition umfasst klare zeitgebundene Zielvorgaben und Stichtage sowie Definitionen von Begriffen wie „Wald“, „Entwaldung“ und „Waldschädigung“ (vgl. Definitionen im Glossar).

- Zielvorgaben und Definitionen ergeben sich häufig aus kollektiven Zusagen, denen sich das Unternehmen angeschlossen hat, sowie internationalen und nationalen Vereinbarungen und Verpflichtungen, nationalen Rechtsvorschriften, Leitlinien von Branchenverbänden, Erwartungen von Investoren oder freiwilligen Nachhaltigkeitsstandards in Zertifizierungssystemen (wegen weiterer Informationen vgl. Anhang A).
- Die Politik ist risikobasiert, d. h., sie adressiert die schwerwiegendsten Risiken und Auswirkungen zuerst. Der Schweregrad bemisst sich nach der Wahrscheinlichkeit, dem Ausmaß, der Reichweite und der Unumkehrbarkeit der Auswirkungen.
- Die Politik wird regelmäßig überprüft und überarbeitet, um neuen Beschaffungsgebieten, Veränderungen der Entwaldungsmuster, wachsenden Erkenntnissen über Entwaldungsrisiken in der Lieferkette sowie internationalen Standards und nationalen Rechtsvorschriften Rechnung zu tragen.

Anti-Entwaldungspolitik in Aufsichtsorganen und Managementsystemen sowie den verschiedenen Funktionsbereichen des Unternehmens verankern

Die entwaldungsbezogenen Praktiken sollten unternehmensweit einheitlich sein. Dies gilt nicht zuletzt für alle Abteilungen oder Unternehmenseinheiten, deren Entscheidungen Rohstoffe und Produkte mit einem potenziellen Entwaldungsbezug betreffen könnten, insbesondere Einkaufs- und Beschaffungsabteilungen. Die entwaldungsbezogenen Regelungen sollten mit den übrigen Due-Diligence-Leitlinien des Unternehmens im Einklang stehen und darin integriert werden.

Erwartungen und Leitlinien in das Lieferantenmanagement und die sonstigen Geschäftsbeziehungen einbetten

Da Sorgfaltspflichten sowohl für die eigene Geschäftstätigkeit der Unternehmen als auch für ihre gesamten Lieferketten und Geschäftsbeziehungen gelten, ist eine regelmäßige Kommunikation mit Zulieferern und anderen Geschäftspartnern unabdingbar. Bei Produkten und Lieferketten mit großen Entwaldungsrisiken sollte das Unternehmen

- Zulieferern und anderen relevanten Geschäftspartnern die wesentlichen Aspekte seiner Anti-Entwaldungspolitik mitteilen. Bei langfristigen Geschäftsbeziehungen kann das Unternehmen möglicherweise größeren Einfluss geltend machen, um die Geschäftspartner zur Umsetzung dieser Politik zu bewegen und die Transparenz zu verbessern.
- Bedingungen und Erwartungen hinsichtlich entwaldungsbezogener Sorgfaltspflichten in Verträge mit Zulieferern bzw. Geschäftspartnern, Verhaltenskodizes für Zulieferer oder anderweitige schriftliche Vereinbarungen aufnehmen, die auf die Kapazitäten der Zulieferer abgestimmt sind.
- Präqualifizierungsverfahren für entwaldungsbezogene Due-Diligence-Prüfungen von Zulieferern und sonstigen Geschäftspartnern entwickeln und umsetzen. Soweit möglich, sollten diese Verfahren den spezifischen Risiken und Gegebenheiten dieser Zulieferer und Geschäftspartner angepasst werden.
- Zulieferer und andere Geschäftspartner durch hinreichende Ressourcen, Kapazitätsentwicklung und Schulungen dabei unterstützen, die Leitlinien besser zu verstehen und anzuwenden und ihre Sorgfaltspflichten zur Bekämpfung der Entwaldung umzusetzen. Dies könnte beispielsweise einen

standardisierten Berichtsrahmen für Zulieferer umfassen. Einige Zulieferer, wie z. B. Kleinstbetriebe, werden dabei mehr Unterstützung benötigen als andere.

- Hemmnisse ermitteln und abbauen, die aus den Geschäftspraktiken des Unternehmens resultieren und es Zulieferern und anderen Geschäftspartnern erschweren könnten, die Sorgfaltsregeln zur Bekämpfung der Entwaldung umzusetzen, wie z. B. die Beschaffungspraktiken und kommerziellen Anreize des Unternehmens.

Die Möglichkeiten von Unternehmen, ihre Geschäftspartner zu beeinflussen und sie dazu zu bewegen, negative Effekte ihrer Aktivitäten auf Wälder zu verhindern, zu stoppen, zu mindern oder zu beheben, können sowohl praktischen als auch rechtlichen Beschränkungen unterliegen. Sie können versuchen, ihren Einfluss auf die Geschäftspartner durch vertragliche Vereinbarungen, Präqualifizierungsanforderungen, Voting Trusts, Lizenz- oder Franchise-Vereinbarungen sowie durch die Bündelung von Einflussmöglichkeiten in Branchenverbänden oder sektorübergreifenden Initiativen zu verstärken.

Umsetzungspläne, die in Abstimmung mit Geschäftspartnern und gegebenenfalls unter Einbindung zentralstaatlicher Organe und nachgeordneter Gebietskörperschaften, internationaler Organisationen, lokaler Gemeinschaften und der Zivilgesellschaft entwickelt werden, können ebenfalls für eine bessere Einhaltung der Vorgaben sorgen, vor allem wenn Kapazitätsentwicklung und Schulungen angeboten werden. Häufig können Branchenverbände und Multi-Stakeholder-Initiativen viele der beschriebenen Schritte unterstützen.

Kontrollsysteme entlang der Lieferkette einrichten

Systeme, mit denen das Unternehmen die Umsetzung und die Effekte seiner Anti-Entwaldungspolitik überwachen kann, sind entscheidend für die Glaubwürdigkeit und Wirksamkeit dieser Politik und gute Beziehungen zu Stakeholdern wie z. B. Investoren und staatlichen Stellen. Dazu gehören

- Prüfverfahren, mit denen die Einhaltung der Unternehmenspolitik regelmäßig unabhängig und transparent überprüft wird; sie können einen kontinuierlichen Austausch mit den Zulieferern und deren laufende Überwachung sowie interne und unabhängige externe Audits beinhalten (letztere sind vorzuziehen, wenn das Risiko eines Zusammenhangs mit Entwaldung größer ist) und erfassen sowohl das Unternehmen selbst als auch seine Zulieferer.
- Überwachungs- und Kontrollsysteme für die Chains of Custody der Rohstoffe und Produkte, bei denen nach Einschätzung des Unternehmens ein Zusammenhang mit Entwaldung bestehen könnte. Dies wird in Schritt 4 des OECD/FAO-Leitfadens (Überprüfung der Due-Diligence-Praktiken) näher beschrieben.

In der Regel finden diese Schritte zusammen mit dem Mapping der Lieferketten gemäß Schritt 2 des OECD/FAO-Leitfadens (Identifizierung der Risiken) oder kurz danach statt.

Beschwerdemechanismen auf Betriebsebene einrichten, in Konsultation und Zusammenarbeit mit relevanten Stakeholdern

Beschwerdemechanismen sollten sowohl Beschwerdesysteme als auch Frühwarnsysteme zur Risikoerkennung umfassen. Sie bieten den Unternehmen einerseits einen Mechanismus für Konfliktprävention und -lösung und helfen ihnen andererseits, Abweichungen von ihrer Anti-Entwaldungspolitik in ihren Geschäftstätigkeiten bzw. den Aktivitäten ihrer Zulieferer oder sonstigen Geschäftspartner zu erkennen und Risiken zu ermitteln und zu mindern, u. a. durch bessere Kommunikation mit den Stakeholdern. Beschwerdemechanismen können auch einen Kanal für Feedback und Vorschläge umfassen. Sie können auf Projekt-, Unternehmens- oder Branchenebene eingerichtet werden. Unternehmen können ihre eigenen

Beschwerdemechanismen einrichten, sich aber auch an anderen Beschwerdemechanismen beteiligen. Entscheidend ist, dass die Beschwerdemechanismen leicht zugänglich sind, und zwar gegebenenfalls insbesondere für lokale Stakeholder, darunter Frauen und andere vulnerable und marginalisierte Gruppen. Beschwerden sollten innerhalb eines angemessenen Zeitraums bearbeitet werden und Anonymitätswünsche sollten respektiert werden.

Empfehlungen für KMU

- Entscheiden Sie, in welchem Umfang Sie angesichts nationaler Rechtsvorschriften und internationaler Verpflichtungen sowie der Verpflichtungen gegenüber Ihren Kunden zu Zusagen im Rahmen Ihrer Anti-Entwaldungspolitik bereit sind.
- Wählen Sie Ihre Definitionen für „Wald" und „Entwaldung" und Ihren Stichtag/Ihre Stichtage für die Entwaldungsfreiheit. Sektorspezifische Initiativen oder die Leitlinien und Verpflichtungen anderer KMU können dabei als nützliche Beispiele dienen.
- Entscheiden Sie, wie die Verpflichtungen aus Ihrer Anti-Entwaldungspolitik mit Ihren finanziellen und personellen Ressourcen umgesetzt werden sollen.
- Machen Sie Ihre Zusicherungen bekannt, entweder durch eine schriftliche Verpflichtung oder eigenständige Erklärung oder als Teil Ihrer Unternehmensvision, Ihres Wertekatalogs oder Ihrer Leitlinien für verantwortungsvolle Beschaffung.
- Engagieren Sie sich in Multi-Stakeholder-Plattformen für nachhaltige Rohstoffe, die darauf abzielen, die Entwaldung durch gemeinsames Handeln auf ein Minimum zu reduzieren.
- Legen Sie die Grenzen Ihrer Politik und Ihre Risikopriorisierung dar und nennen Sie Maßnahmen, die Sie ergreifen werden, wenn Sie feststellen, dass einer Ihrer Geschäftspartner Produkte oder Rohstoffe aus entwaldeten Gebieten bezieht.
- Verweisen Sie in Ihren Unternehmensleitlinien auf nationale oder regionale Verpflichtungen im Hinblick auf Entwaldung und Waldschädigung.

Schritt 2: Entwaldungsrisiken in der Lieferkette erkennen, bewerten und priorisieren

Im zweiten Schritt des OECD/FAO-Leitfadens geht es um die Untersuchung der Lieferkette und das Mapping der Entwaldungsrisiken innerhalb dieser Kette – Maßnahmen, die es den Unternehmen ermöglichen, ihre Handlungsprioritäten festzulegen. Der OECD/FAO-Leitfaden sieht vor, dass die Unternehmen die allgemeinen Bereiche ermitteln, in denen das Risiko negativer Effekte am größten ist, und die Sorgfaltspflichten entsprechend priorisieren. Hochrisikozulieferer oder Zulieferer, die in Hochrisikogebieten tätig sind, müssen strenger geprüft werden.

Abbildung 5. Entwaldungsrisiken in der Lieferkette erkennen, bewerten und priorisieren

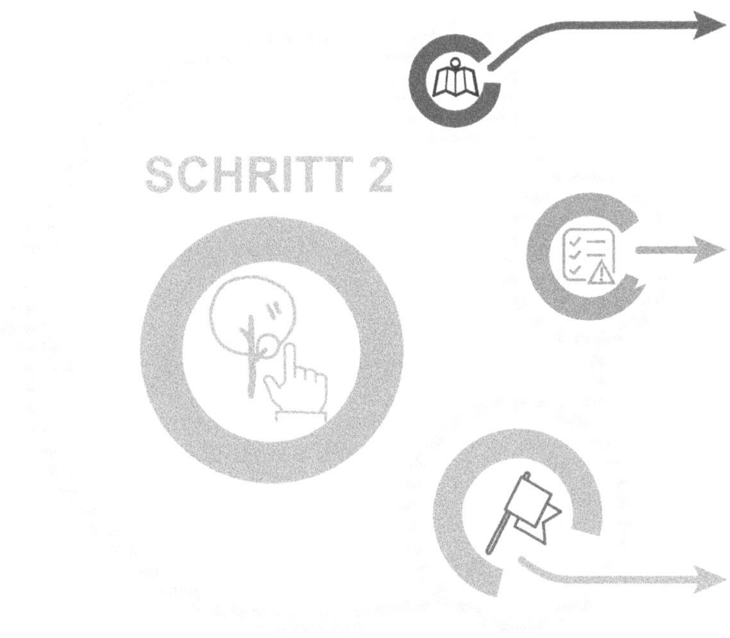

Mapping der Lieferkette erstellen

Herkunft der Produkte und wichtigste Akteure ermitteln; „Kontrollpunkte" bestimmen, um ihre Due-Diligence-Bemühungen zu bewerten

Entwaldungsrisiken beurteilen

- Produkte, Waren, Dienstleistungen, Zulieferer und Beschaffungsgebiete in den Blick nehmen
- Ausdehnung/Art der Waldbedeckung, Entwaldungstrends und Entwaldungstreiber analysieren
- Risiken anhand von Rückverfolgbarkeits-/Chain-of-Custody-Daten bewerten

Warnsignale („Red Flags") beachten

Beispiele:

- Gebiete mit schwacher Governance und Rechtsdurchsetzung oder mit Konflikten
- Geschäftspartner/Zulieferer, die mit Entwaldung in Verbindung stehen
- Zulieferer, die Waren von als kritisch eingestuften Standorten oder Vorlieferanten beziehen

Strategische Fragen für Unternehmen

Mapping der Lieferkette erstellen:

- Welche Abteilungen sind in unserem Unternehmen für das Mapping und die Priorisierung der Lieferketten zuständig? Verfügen sie über die Kapazitäten und das Budget, um die Verpflichtungen des Unternehmens im Hinblick auf Entwaldungsfreiheit zu erfüllen?
- Welche Systeme oder Prozesse stehen uns derzeit für das Mapping unserer Geschäftstätigkeiten und Lieferketten zur Verfügung, um Entwaldungsrisiken zu erkennen (z. B. Sekundärforschung, Heatmaps, Lieferantenfragebögen, Satellitendaten, Vor-Ort-Besuche)?
    - Bis wohin reicht unser Mapping der vorgelagerten Bereiche der Lieferkette?
    - Haben wir einen Plan für das Mapping der zentralen Kontrollpunkte innerhalb von Lieferketten, die mit einem hohen Entwaldungsrisiko verbunden sind? (Vgl. Glossar)
    - Verfolgen wir einen risikobasierten Ansatz, um zu priorisieren, für welche Unternehmen in der Lieferkette und welche Teile der Lieferkette ein detailliertes Mapping erstellt werden soll?
    - Stellen wir sicher, dass auch die vorgelagerte landwirtschaftliche Produktion erfasst wird?
    - Gibt es Teile der Lieferkette, in denen das Mapping durch mangelnde Transparenz behindert wird (z. B. beim Kauf am Spotmarkt)?
    - Was können wir tun, um die Transparenz zu erhöhen (z. B. mit Zulieferern in Kontakt treten, den Kauf am Spotmarkt einstellen usw.)?

- Welches Niveau an Rückverfolgbarkeit bzw. Chain of Custody können wir für unsere Produkte gewährleisten?
- Woher stammen unsere Informationen (z. B. interne Systeme/Tracking, Lieferanten-Feedback, externe Daten, Zusammenarbeit mit Branchenverbänden, Open-Source-Satellitendaten zur Entwaldung)?
    - Haben wir aktuelle Karten über Waldbedeckung und Entwaldung in den Gebieten, aus denen wir unsere Produkte und Rohstoffe beziehen?
    - Welche Abteilungen/Personen sind für das Mapping von Entwaldungsrisiken und die Datenpflege zuständig? Stützen wir uns dafür auf externe öffentliche Informationen oder auf einen Vertrag mit einem bestimmten Anbieter?
    - Wie verlässlich sind diese Informationen und wie können wir sie überprüfen?
    - Wie rückverfolgbar sind unsere Rohstoffe und Produkte?
- Was tun unsere Partner, um Entwaldungsrisiken zu erkennen? Wie können diese Informationen in unserem Ansatz verbessert, koordiniert und gestrafft werden?

Die Lieferkette bewerten und Prioritäten setzen:

- Welche Entwaldungsrisiken betrachten und definieren wir als besonders wichtig und prioritär? Welche unserer Zulieferer oder sonstigen Geschäftspartner stellen das größte Risiko dar?
- Welche Schritte unternehmen wir, um unsere Lieferkettendaten zu überprüfen und sicherzustellen, dass sie auf dem neuesten Stand sind? Nutzen wir Verfahren wie Daten-Triangulation, Kontrollbesuche bei Zulieferern bzw. vor Ort, Audits, Echtzeitdaten/-technologien, Zusammenarbeit oder Informationsaustausch mit Branchenverbänden?
- Anhand welcher Richtwerte und Standards bewerten wir die Risiken?
- Wie bewerten und priorisieren wir die Entwaldungsrisiken? Verwenden wir ein Red-Flag-System (siehe weiter unten)? Unterstützen wir lokale Landwirt*innen und Unternehmen und wenn ja, in welcher Form (Schulungen, Ressourcen, Ausrüstung)?

Mapping der Lieferkette mit den verschiedenen beteiligten Akteuren, z. B. unmittelbaren Zulieferern und Geschäftspartnern, sowie den Standorten erstellen

Das Mapping und die Priorisierung sollten mit einer übergreifenden Betrachtung der Produkte, Dienstleistungen und Zulieferer des Unternehmens beginnen. In diesem Stadium geht es darum, die Bezugsquellen aller Rohstoffe und Produkte zu ermitteln, die unter die Anti-Entwaldungspolitik des Unternehmens fallen, um so ein allgemeines Verständnis der mit ihrer Produktion und Beschaffung verbundenen Risiken zu gewinnen. Der Umfang der Informationen, die über Lieferanten und Geschäftspartner gesammelt werden, hängt davon ab, wie schwerwiegend das Entwaldungsrisiko ist und wie eng die Lieferanten und Geschäftspartner mit dem festgestellten Risiko verbunden sind.

Das Mapping der Lieferkette umfasst

- die Bezugsquelle der Rohstoffe oder der aus diesen Rohstoffen gewonnenen Produkte, d. h. Ursprungsland, Herkunftsgebiet und gegebenenfalls Flurstück. Dies kann helfen, die Länder oder Gebiete zu ermitteln, in denen das Entwaldungsrisiko am größten ist. Zudem kann es dem Unternehmen ermöglichen, Hochrisikogebiete oder -zulieferer genauer in den Blick zu nehmen. Der rechtliche und politische Kontext des Herkunftsgebiets kann dabei genauso wichtig sein wie die Entwaldungs- oder landwirtschaftlichen Produktionstrends. An Standorten, an denen eines oder mehrere Warnsignale („Red Flags") erkennbar sind, an sog. als kritisch eingestuften Standorten, sollten die Unternehmen eine Due-Diligence-Prüfung durchführen:

- Gebiete, die als Schutzgebiete, gemeinsam bewirtschaftete Gebiete (gemäß Landrechten lokaler Gemeinschaften oder indigener Völker), Gebiete mit hohem Erhaltungswert oder Flächen mit hohem Kohlenstoffbestand (z. B. Torfwälder) ausgewiesen bzw. bekannt sind
- Gebiete mit großer ländlicher Armut, in denen die Landwirtschaft die Haupteinkommensquelle ist
- Gebiete, in denen lokale Gemeinschaften und indigene Völker leben
- Gebiete mit hohem Konfliktrisiko
- Gebiete mit geringem Schutz der Menschenrechte und der Rechte indigener Völker oder schlecht definierten oder angefochtenen Landrechten (Kasten 1)
- Gebiete mit schwacher Governance und Durchsetzung der Rechtsstaatlichkeit sowie Korruption
- Gebiete mit unzureichendem Waldschutz vonseiten der nationalen oder lokalen Behörden

Kasten 1. Landrechte

Landrechtefragen – wobei es um das gesamte Bündel von Rechten, vom Zugang bis zum Eigentum, geht – sind in Debatten über die Beendigung der Entwaldung von zentraler Bedeutung. Ein erheblicher Teil der verbleibenden Tropenwälder der Welt befindet sich aufgrund von Gewohnheitsrechten im Besitz indigener Völker, traditioneller Gemeinschaften oder ähnlicher Akteure. Unternehmen, die Zugang zu Land für die Rohstoffproduktion erlangen möchten, müssen die Rechte derjenigen respektieren, die dieses Land besitzen, die dort leben oder die es anderweitig nutzen. Sie können den Zugang zu diesem Land möglicherweise nur durch ein Verfahren erlangen, in dem diese Rechte zuerst einmal anerkannt werden müssen. Manchmal müssen dabei auch nationale oder lokale Behörden tätig werden.

Auch die Rechte derjenigen, die keine formellen Eigentumsrechte an den betreffenden Landflächen besitzen, sollten anerkannt werden; dazu gehören Pächter*innen, Teilpächter*innen, Landarbeiter*innen oder Personen mit informellen Zugangs- und Nutzungsrechten an Land und natürlichen Ressourcen. Zu diesen informellen Rechten können auch die Landrechte von Frauen gehören, die üblicherweise unter den Rechten des männlichen Haushaltsvorstands zusammengefasst sind.

Das Verfahren der Anerkennung von Landrechten ist häufig mit Herausforderungen verbunden. Es ist nicht immer klar, wer der rechtliche Eigentümer des Landes ist, Gewohnheitsrechte können im Widerspruch zu formell niedergeschriebenen Rechten stehen und formell niedergeschriebene Rechte können im Widerspruch zu internationalen Menschenrechtsverpflichtungen stehen. In vielen Zertifizierungssystemen und anderen Instrumenten (z. B. dem High-Carbon-Stock-Ansatz) werden Standards für die Achtung der Landrechte und Verfahren zur Bestimmung dieser Rechte festgelegt. Dies umfasst beispielsweise eine vom Unternehmen gemeinsam mit den lokalen Gemeinschaften durchgeführte partizipative Kartierung. Die Zertifizierung allein garantiert aber nicht immer, dass die Standards eingehalten werden.

Eine freiwillige und in Kenntnis der Sachlage erteilte vorherige Zustimmung (*free, prior and informed consent* – FPIC) kann ein wichtiges Element dieses Prozesses sein. Wie in Anhang B des OECD/FAO-Leitfadens dargelegt, geht es bei einer FPIC darum, einen Konsultationsprozess mit betroffenen indigenen Völkern zu vereinbaren, Konsultationen durchzuführen und sich darauf zu verständigen, was eine angemessene Zustimmung darstellt (unter Berücksichtigung der Interessen von Frauen und anderen marginalisierten Gruppen). Auch sollte das Verfahren zur Einholung der Zustimmung aufgenommen werden, bevor die Aktivitäten beginnen (was nur geschehen sollte, wenn die Zustimmung erteilt wurde). Bei dem FPIC-Verfahren handelt es sich um einen iterativen und fortlaufenden Prozess und nicht um eine einmalige Diskussion. Ein kontinuierlicher Dialog schafft Vertrauen: Er mündet entweder in einer ausgewogenen Einigung, auf die sich die Investitionen in allen Projektphasen stützen können, oder einer Nichteinigung, was ein klares Zeichen dafür ist, dass die Investitionen nicht getätigt werden sollten (FAO, 2014[19]; FAO, 2016[20]).

Weitere Informationen über eine verantwortungsvolle Verwaltung von Landrechten finden sich in den vom Ausschuss für Welternährungssicherheit 2012 verabschiedeten *Voluntary Guidelines on the Responsible Governance of Tenure of Land, Fisheries and Forests in the Context of National Food Security* (freiwillige Leitlinien für die verantwortungsvolle Regulierung von Eigentums-, Besitz- und Nutzungsrechten an Land, Fischgründen und Wäldern im Rahmen nationaler Ernährungssicherheit).

Ein „Red-Flag-System“ kann außer zur Bestimmung von als kritisch einzustufenden Standorten auch für folgende Elemente genutzt werden:

- Sektoren oder Produkte – Rohstoffe, von denen bekannt ist, dass sie häufig mit Entwaldung oder Waldschädigungen verbunden sind
- Geschäftspartner – Zulieferer, von denen bekannt ist, dass sie mit Rohstoffen aus Wäldern handeln oder Rohstoffe aus Wäldern beziehen, sowie Zulieferer, von denen bekannt ist, dass sie
    - eine schlechte Bilanz in Bezug auf Entwaldung aufweisen
    - Rohstoffe von als kritisch eingestuften Standorten beziehen (siehe weiter oben)
    - an als kritisch eingestuften Standorten tätig sind (siehe weiter oben)
    - international vereinbarte Standards, wie sie beispielsweise im OECD/FAO-Leitfaden aufgeführt sind, nicht eingehalten haben

Unternehmen können auch bestimmte Produkte, geografische Gebiete und Zulieferer priorisieren, um eine genauere Bewertung vorzunehmen. Dieser Ansatz hilft Unternehmen dabei, bei diesen prioritären Gebieten, Produkten und Lieferanten Transparenz über die gesamte Lieferkette hinweg zu schaffen.

Dabei gilt es, die verschiedenen an der Lieferkette beteiligten Akteure zu ermitteln, insbesondere Zulieferer und Geschäftspartner, und auf Basis eines risikobasierten Ansatzes zu priorisieren. Dies kann schwierig sein, wenn die Produkte über lokale Händler oder an Spotmärkten beschafft werden. Das Mapping der Lieferkette erfordert einen Dialog mit Händlern und Zulieferern, insbesondere jenen, die an den **zentralen Kontrollpunkten** der Lieferkette tätig sind. Die Unternehmen können solche Kontrollpunkte bestimmen, beispielsweise Verarbeitungsstandorte, an denen der Großteil der Vorleistungen über relativ wenige Unternehmen läuft, z. B. Rohstoffverarbeiter, Rohstoffhändler, Großhändler, Exporteure und/oder Rohstoffbörsen.

Diesen Prozess gilt es zu wiederholen, bevor neue Investitionen getätigt oder Geschäftstätigkeiten ausgeübt werden, die zu Veränderungen in der Lieferkette führen.

Der Aufbau eines **Kontroll- und Transparenzsystems** entlang der Lieferkette umfasst

- eine Bewertung der Art und Qualität der von den Lieferanten gewährleisteten Rückverfolgbarkeit oder Chain of Custody sowie aller gegen Akteure in der Lieferkette, einschließlich Zulieferer und Geschäftspartner, erhobenen Beschwerden und Vorwürfe.
- verschiedene Ansätze wie beispielsweise eine Rückverfolgung bis zum Ursprung, eine Rückverfolgung bis zu einem Zulieferer, der selbst über ein solides Rückverfolgungs- und Due-Diligence-System verfügt (wobei die Beurteilung der Belastbarkeit dieses Systems dem nachgelagerten Unternehmen obliegt), eine Rückverfolgung bis zu einem Staat, der nachweisen kann, dass das mit dem Rohstoff verbundene Entwaldungsrisiko auf seinem gesamten Gebiet sehr gering ist, oder die Nutzung eines glaubwürdigen Zertifizierungs- oder Chain-of-Custody-Systems.

Der Umfang der über Zulieferer und Geschäftspartner erhobenen Informationen hängt davon ab, wie schwerwiegend das Entwaldungsrisiko ist und wie eng die Verbindung zwischen diesen Akteuren und dem festgestellten Risiko ist. In Gebieten mit hohem Entwaldungsrisiko ist ein höherer Grad an Rückverfolgbarkeit oder Chain of Custody bis zum landwirtschaftlichen Betrieb erforderlich; in einigen Gebieten kann dies jedoch schwer zu gewährleisten sein. Bei der Festlegung der Risikominderungsstrategie muss die potenzielle Diskrepanz zwischen dem Grad des Entwaldungsrisikos und der Granularität der Informationen über die Produktionsfläche berücksichtigt werden.

Es gibt verschiedene Rückverfolgungssysteme, von denen einige häufig in Zertifizierungssystemen verwendet werden (vgl. Anhang A wegen weiterer Informationen zu Zertifizierungssystemen). Je granularer die mit ihnen erfassten Informationen sind, desto zuverlässiger kann die Verbindung zwischen den Rohstoffen und dem Produktionsort und folglich dem Entwaldungsrisiko bestimmt werden:

- Beim Modell „Identity Preserved" müssen die Produkte zu einer einzigen zertifizierten Quelle zurückverfolgt und entlang der gesamten Lieferkette von nicht zertifizierten Produkten sowie von zertifizierten Produkten aus anderen Quellen getrennt bleiben. Das Flurstück, auf dem die Waren produziert wurden, ist bekannt.
- Beim Modell „Segregated" können zertifizierte Produkte aus verschiedenen zertifizierten Quellen vermischt werden, müssen aber von nicht zertifizierten Produkten getrennt bleiben.
- Beim Modell „Mass Balance" können zertifizierte Produkte mit nicht zertifizierten Produkten gemischt werden, die jeweiligen Anteile werden jedoch anhand einer Mengenbilanz geprüft. Die Nutzer können ihr Produkt als teilweise zertifiziert bewerben, in der Regel unter Angabe des betreffenden Prozentsatzes.
- Beim Modell „Book and Claim" werden zertifizierte Produkte nicht getrennt gehalten, stattdessen verkaufen Lieferanten zertifizierter Produkte Zertifikate an die Nutzer. Dadurch beteiligen sich die Nutzer an den Kosten einer verantwortungsvollen Produktion, selbst wenn die effektiv von ihnen genutzten Produkte möglicherweise nicht zertifiziert sind.

In Kasten 2 sind die Arten sowie mögliche Quellen der Informationen aufgeführt, die Unternehmen für diese Zwecke benötigen.

Kasten 2. Arten und mögliche Quellen von Informationen für das Mapping der Lieferkette und die Bewertung der Entwaldungsrisiken

Informationsarten:

- Namen und Standorte von landwirtschaftlichen Betrieben, lokalen Händlern, Verarbeitern und anderen Unternehmen in der Lieferkette, die ein nachgelagertes Unternehmen bei der Rückverfolgung erfassen möchte
- das durchschnittliche Produktionsvolumen der landwirtschaftlichen Betriebe oder der Gebiete, die die Rohstoffe liefern, um mögliche undichte Stellen zwischen Produktionsgebieten mit unterschiedlichem Entwaldungsrisiko aufzudecken
- nationale Produktions- und Handelsdaten für den betreffenden Rohstoff; solche Daten können helfen, mögliche undichte Stellen, wie z. B. verdeckte Einfuhren aus einem Drittland in grenznahe Anbaugebiete, aufzudecken
- Informationen zu den Verarbeitungsanlagen (z. B. Palmöl- und Sojabohnenmühlen)
- gegebenenfalls Geolokalisierungsdaten (geografische Koordinaten) der Parzelle, auf der die Rohstoffe wachsen, unter Verwendung von Punktkoordinaten oder Polygonkartierung der Produktionsfläche, der Grenzen des betreffenden landwirtschaftlichen Betriebs oder eines weiteren Umkreises (z. B. Ortschaft, Landschaftsraum oder Verwaltungsgebiet)

- Farm-Mapping- und Registrierungsdatenbanken
- Rechtsvorschriften der Erzeugerländer für die Produktion der vom Unternehmen gekauften Rohstoffe und Produkte und die Umwidmung von Waldflächen, Daten zum Governance- und Rechtsdurchsetzungsniveau, zur Rechtseinhaltung, zur Achtung der Menschen- und Landrechte sowie zum Grad der Korruption
- Daten aus Zertifizierungssystemen, beispielsweise zu den Mengen der vollständig zertifizierten Produkte und der nach begrenzten Kriterien zertifizierten Produkte
- visuelle Analysen oder Isotopen- oder DNA-Analysen von Stichproben (diese können helfen, zwischen verschiedenen Arten, z. B. bei Nutzholz, sowie – bei einigen Rohstoffen – zwischen verschiedenen Herkunftsregionen zu unterscheiden)

Mögliche Informationsquellen:

- Bestellungen und Rechnungen, Chargennummern von Rohstoffen und Produkten
- Fragebögen für Zulieferer, einschließlich ihrer Unterlieferanten
- Vor-Ort-Besichtigungen von Produktions-, Transformations- und Lagerflächen
- Programme von Unternehmens- und Branchenverbänden, öffentlich zugängliche Zusammenfassungen von Auditberichten sowie Produktaussagen oder -kennzeichnungen, z. B. im Rahmen freiwilliger Zertifizierungs- und Legalitätsprüfungssysteme
- über Gebiets- oder Landschaftsansätze gewonnene Daten
- private oder öffentliche Fernerkundungsdienste
- Instrumente für das Mapping und die Transparenz von Lieferketten, wie z. B. TRASE, SPOTT, FLEGT IMM, das Open Timber Portal, kommerzielle Angebote, Sektorinitiativen, Kooperationsprojekte usw.
- Rückverfolgungssysteme, wie z. B. kommerzielle oder nationale Rückverfolgungssysteme, das Independent Forest Monitoring und das Timber Legality Assurance System
- spezifische Instrumente zur Beobachtung und Bewertung des Entwaldungsrisikos, wie z. B. Global Forest Watch
- Agrar- und Handelsstatistiken aus nationalen oder internationalen Datenbanken, wie z. B. FAOSTAT und UN Comtrade, Daten aus Katastern sowie anderen Landdatenquellen, wie z. B. Land Matrix oder Open Land Contracts
- FAOLEX (eine umfassende Rechts- und Politikdatenbank)

Anmerkung: Da die oben aufgeführten Initiativen auf unterschiedlichen Modellen oder Ansätzen basieren, sollten stets Anstrengungen zur Prüfung ihrer Zuverlässigkeit unternommen werden.

Mit den Produkten, Waren, Dienstleistungen, Lieferanten und Beschaffungsgebieten verbundene Entwaldungsrisiken bewerten

Wenn die Herkunft der Rohstoffe und Produkte ermittelt wurde, die unter die Politik des Unternehmens zur Verhinderung von Entwaldung fallen, und ihr Beschaffungsgebiet bekannt ist, wird es möglich, das mit ihrer Produktion verbundene Entwaldungsrisiko einzuschätzen.

Wahrscheinlichkeit und Schweregrad. Die Bedeutung eines negativen Effekts hängt von der Wahrscheinlichkeit seines Eintretens und seinem Schweregrad ab. Der Schweregrad von Auswirkungen kann nach ihrem Ausmaß, ihrer Reichweite und dem Grad ihrer Unumkehrbarkeit analysiert werden:

- Das *Ausmaß* eines negativen Effekts beschreibt die Stärke des Effekts auf die Wälder insgesamt oder auf bestimmte Waldtypen (z. B. Schutzgebiete, Gebiete mit hohem Erhaltungswert oder Gebiete mit hohem Kohlenstoffbestand) oder den Grad der Veränderungen der Artenzusammensetzung der Wälder.
- Die *Reichweite* bezieht sich auf den Wirkungsbereich des Effekts, z. B. den Grad der Schädigung des Waldes bezogen auf die Gesamtfläche, bestimmte Gebiete oder Arten.
- *Unumkehrbarkeit* bezeichnet die – völlige oder partielle – Unmöglichkeit, den Wald oder vom Wald abhängige Arten bzw. die Situation von Menschen, die in den Wäldern leben, in ihnen arbeiten oder von ihnen abhängig sind, wieder in den Zustand vor Eintreten des negativen Effekts zurückzuversetzen. Besondere Aufmerksamkeit sollte dabei den erheblichen Herausforderungen gelten, die mit der Wiederherstellung der sozialen und ökologischen Werte und Funktionen des Waldes verbunden sind.

Bei der Priorisierung handelt es sich um einen fortlaufenden Prozess, und in einigen Fällen können neue negative Effekte auftreten, denen dann Priorität vor weniger bedeutsamen Effekten eingeräumt werden muss.

Die Risikobewertung sollte sich auf Informationen zu folgenden Aspekten gründen:

- Ausdehnung und Art der Waldbedeckung im Beschaffungsgebiet
- Entwaldungstrends in diesem Gebiet (insgesamt, nicht nur für bestimmte Produkte)
- Informationen über direkte Entwaldungstreiber
- Informationen über indirekte Entwaldungstreiber
- Niveau der Rückverfolgbarkeit
- Komplexität der Lieferkette

Je höher das Ausmaß und das Risiko der Entwaldung ist, desto höher muss der Detaillierungsgrad der Informationen sein. Wenn das Risiko sehr gering ist, kann eine Bewertung auf Länder- oder Regionalebene ausreichend sein. Bei einem höheren Risiko muss die Bewertung für kleinere Gebiete erfolgen, wobei detaillierte Geolokalisierungsdaten auf Ebene der landwirtschaftlichen Betriebe erforderlich sein können. Hohe Priorität sollte die Behebung von Informationslücken zu Hochrisikogebieten haben.

Waldbedeckung. Um das Risiko künftiger Entwaldung einzuschätzen, sollte überprüft werden, ob Zulieferer in der Nähe von verbleibenden Waldflächen in den Beschaffungsgebieten (einschließlich Waldflächen auf dem Gebiet der landwirtschaftlichen Betriebe) bzw. an sie angrenzenden Gebieten tätig sind. Eine Region mit einer niedrigen Entwaldungsrate und einem hohen Waldbestand stellt ein höheres Risiko dar als eine Region, die eine hohe Entwaldungsrate aufwies, in der der Wald aber bereits abgeholzt ist.

Entwaldungstrends. Heute steht ein immer breiteres Spektrum von Informationsquellen zu Entwaldungsraten und Entwaldungszahlen zur Verfügung (vgl. Kasten 3 und Glossar). Die Entwaldungsfronten verlagern sich im Zeitverlauf und ihre Dynamik ist nicht linear. Das Entwaldungsrisiko in den Beschaffungsgebieten (die sich ihrerseits oft ändern können) sollte daher regelmäßig aktualisiert werden, wobei die Nutzung von Warndiensten sinnvoll sein kann.

Direkte Treiber. Unter einem direkten Entwaldungstreiber ist die direkte Ursache von Waldverlust und damit verbundenen Landnutzungsänderungen zu verstehen. Ein Kernelement der Risikobewertung besteht darin, abzuschätzen, wie wahrscheinlich es ist, dass Wälder infolge einer Ausweitung der Produktion des vom Unternehmen genutzten Rohstoffs in Acker- oder Weideland umgewandelt werden.

Strukturelle/indirekte Treiber. Zu den indirekten bzw. strukturellen Treibern zählen die politischen, rechtlichen, wirtschaftlichen, sozialen oder kontextuellen Ursachen, die zu den Landnutzungsänderungen geführt haben. Wenn beispielsweise aus den vorliegenden Informationen hervorgeht, dass eine gestiegene Nachfrage nach einem bestimmten Rohstoff bzw. höhere Preise für diesen Rohstoff ursächlich für die Ausweitung der Entwaldung waren, und wirtschaftliche Prognosen darauf hindeuten, dass dieser Trend anhalten wird, dürfte das Entwaldungsrisiko hoch bleiben. Auch Regionen, in denen die Standards für die Wald- und Landnutzung niedrig sind und die Rechtsdurchsetzung schwach ist, weisen ein höheres Entwaldungsrisiko auf.

Komplexität der Lieferkette. Mit der Komplexität der Lieferkette steigt die Zahl der Zwischenstufen und das Risiko, dass entwaldungsfreie Produkte mit Produkten aus unbekannten oder risikobehafteten Bezugsquellen gemischt werden. Es ist deshalb erforderlich, die verschiedenen Akteure in der Lieferkette, beispielsweise Zulieferer und Geschäftspartner, zu ermitteln. Dies ist wichtig, denn mit der Zahl der Glieder in der Kette steigt das Risiko, da jedes Glied die Wahrscheinlichkeit erhöht, dass mit Entwaldung verbundene Produkte in die Lieferungen gelangen. Die Art der Glieder – z. B. Zwischenhändler, die Rohstoffe direkt von landwirtschaftlichen Betrieben beziehen und direkt an das nächste Glied in der Lieferkette weiterverkaufen – ist ebenfalls wichtig, insbesondere wenn der Rohstoff aus einer großen Zahl von Quellen bezogen wird, beispielsweise von landwirtschaftlichen Kleinstbetrieben, die möglicherweise Unterstützung benötigen, um die Unternehmenspolitik einzuhalten.

Wenn es nicht möglich ist, alle festgestellten Effekte anzugehen, sollten sie entsprechend ihrem Schweregrad und ihrer Eintrittswahrscheinlichkeit priorisiert werden. Sobald die schwerwiegendsten Auswirkungen ermittelt und behoben sind, sollte sich das Unternehmen mit den weniger schwerwiegenden Auswirkungen befassen.

Kasten 3. Mögliche Informationsquellen zu Entwaldung und Entwaldungstreibern

- Fernerkundung durch Satelliten- oder Radardaten, z. B. von Global Forest Watch, Terra-i, dem Earth Resources Observation and Science (EROS) Centre oder aus nationalen Systemen (z. B. PRODES und Mapbiomas in Brasilien, IDEAM in Kolumbien, Geobosques in Peru)
- Bewertungen der Governance und Rechtsdurchsetzung im Herkunftsland, wie z. B. die Worldwide Governance Indicators der Weltbank, der Transparency International Corruption Perceptions Index oder der Freedom House Index
- Entwaldungswarnungen, z. B. GLAD-Alerts von Global Forest Watch, RADD Forest Disturbance Alerts
- Forest Resources Assessments der FAO
- Lokale Gemeinschaften, indigene Völker und zivilgesellschaftliche Organisationen; Waldmonitoring durch unabhängige Dienste oder lokale Gemeinschaften (die Einbindung lokaler Gemeinschaften in das Waldmonitoring kann ein effektives Mittel sein, Daten zu sammeln und bei Entwaldung Alarm zu schlagen)
- Risikobewertungen auf Länder- oder Landschaftsebene, z. B. von LandScale
- Informationen aus Frühwarn- und Beschwerdesystemen
- Studien zu Entwaldungstreibern, Berichte aus MRV-Systemen (Measuring Reporting Verification), z. B. im Rahmen nationaler REDD+-Strategien
- Von zivilgesellschaftlichen Organisationen zur Verfügung gestellte Instrumente, z. B. der Cocoa Accountability Map von Mighty Earth
- Wegen weiterer Information vgl. Anhang A

Risikobewertungen: Welche Arten gibt es und wer führt sie durch?

Es gibt verschiedene Arten und Ebenen von Risikobewertungen:

- **Kontextrisikobewertungen** werden auf Länder- oder Regionalebene durchgeführt und umfassen die Evaluierung des Regulierungsrahmens, des politischen Kontexts, der bürgerlichen Freiheiten und des sozioökonomischen Umfelds.
- **Standortbezogene Risikobewertungen** zielen darauf ab, Einblick in die tatsächlichen Gegebenheiten der Geschäftstätigkeit von Geschäftspartnern zu gewinnen, um die Reichweite, den Schweregrad und die Eintrittswahrscheinlichkeit von Risiken auf Standortebene einzuschätzen. Solche Bewertungen können eine Prüfung der Einhaltung der Produktionsmengenbeschränkungen für bestimmte Gebiete, Stakeholder-Konsultationen, ein Monitoring durch Dritte, wie z. B. zivilgesellschaftliche Organisationen, sowie Inspektionen von landwirtschaftlichen Betrieben und/oder Verarbeitungsbetrieben umfassen.
- **Vorgelagerte Unternehmen** (wie landwirtschaftliche Betriebe und Plantagen) können vor Ort Bewertungsteams einrichten, um überprüfbare, verlässliche und aktuelle Informationen über das Ausmaß der Entwaldung zu erheben und auszutauschen. Vorgelagerte Unternehmen müssen außerdem sicherstellen, dass legitime Landrechte und deren Inhaber*innen geachtet werden (vgl. Kasten 1). Die Ergebnisse ihrer Risikobewertungen sollten nachgelagerten Unternehmen zur Verfügung gestellt werden.
- **Nachgelagerte Unternehmen** sollten nicht nur die mit ihrer eigenen Geschäftstätigkeit verbundenen Risiken ermitteln, sondern im Rahmen des Möglichen auch die Risiken bewerten, mit denen ihre Zulieferer und Unterlieferanten konfrontiert sind. Dazu können sie die Due-Diligence-Praktiken ihrer Zulieferer evaluieren oder direkt die Geschäftstätigkeit ihrer Zulieferer prüfen, indem sie beispielsweise landwirtschaftliche Betriebe besichtigen oder lokale Gemeinschaften aufsuchen. Instrumente wie Entwaldungswarnungen können genutzt werden, um stichprobenartig zu prüfen, ob die Geschäftstätigkeit der Zulieferer mit Entwaldung verbunden ist. Es sollten sowohl Informationen über die Systeme der Zulieferer als auch über die von ihnen gelieferten Produktmengen eingeholt werden. Auch die Teilnahme an branchenweiten Programmen, die relevante Informationen liefern und in deren Rahmen geprüft wird, inwieweit die Geschäftspartner Leitlinien für Entwaldungsfreiheit einhalten, kann bei diesen Bewertungen helfen.
- **Finanzunternehmen** sollten Due-Diligence-Prüfungen ihrer Kunden und Investitionen durchführen. Art und Umfang ihrer Sorgfaltspflichten hängen von der Größe und Art des Anlageportfolios des Unternehmens und seinen Beziehungen zu bestimmten Kunden und Investitionen ab (z. B. der Höhe der Beteiligung, der Laufzeit der Investition, dem Zugang zu relevanten Informationen und der Möglichkeit maßgeblicher Einflussnahme). Wenn Finanzunternehmen viele Kunden und Investitionsempfänger haben, sollten sie ihre Anstrengungen auf der Basis von Risikobewertungen priorisieren. Sie sollten die schwerwiegendsten Entwaldungseffekte bei ihren Due-Diligence-Prüfungen prioritär angehen und zugleich die Risiken weiter beobachten und sie sollten ihre Priorisierungsentscheidungen evaluieren. Außerdem sollten sie ihre Maßnahmen – soweit möglich und notwendig – im Zeitverlauf ausbauen, um ein breiteres Spektrum an Kunden, Investitionsempfängern und Maßnahmen abzudecken.

Empfehlungen für KMU

Empfehlungen für alle KMU:

- Ermitteln Sie Ihren Rohstoffschwerpunkt und priorisieren Sie Ihre Mapping-Anstrengungen entsprechend.
- Erstellen Sie eine Liste Ihrer direkten und indirekten (ausgelagerten) Zulieferer und ermitteln Sie, bei welchen Lieferanten eine strengere Kontrolle/Due-Diligence-Prüfung in Bezug auf Entwaldung (nach geografischen Gegebenheiten bzw. Standort, Rohstoffart, Teil der Lieferkette, Betriebsgröße) erforderlich ist.
- Um Kosten zu minimieren, können die Informationen über direkte und indirekte Zulieferer auf verschiedene Weise erhoben werden, beispielsweise über Sekundärforschung auf Basis bestehender online veröffentlichter Informationen, Zusammenarbeit mit Initiativen von Dritten oder Zertifizierungsdiensten oder Zusammenarbeit mit Branchenverbänden. Einige Brancheninitiativen ermöglichen es KMU, Informationen über Risikobewertungen, Rückverfolgungsdaten und manchmal auch Monitoringdaten auszutauschen.
- Fordern Sie Ihre direkten Zulieferer auf, Ihnen Informationen über ihre Due-Diligence- und Beschaffungspraktiken sowie ihre Maßnahmen zur Verhinderung von Entwaldung zu übermitteln. Bewerten Sie diese Verfahren, um festzustellen, welche Zulieferer möglicherweise keine effektiven Maßnahmen zur Prüfung von Entwaldungsrisiken ergreifen.
- Organisieren Sie gegebenenfalls regelmäßige Gespräche oder Treffen mit vorgelagerten Zulieferern, die an Kontrollpunkten der Lieferkette tätig sind, um besser zu verstehen, wie sie Entwaldungseffekte bei den Rohstoffen, die Sie priorisiert haben, ermitteln, verhindern und mindern.

Zusätzliche Empfehlungen für im vorgelagerten Bereich tätige KMU:

- Überprüfen Sie, woher Ihr Produkt kommt und wie es angebaut bzw. beschafft wird; dies kann leichter sein, wenn der Blick auf bestimmte Landschaftsräume anstelle von größeren Beschaffungsgebieten gerichtet wird.
- Organisieren Sie Treffen mit Genossenschaften, Landwirt*innen oder anderen Produzenten sowie mit indigenen Bevölkerungsgruppen und lokalen Gemeinschaften, die an vorderster Front mit Produktions- und Entwaldungsrisiken konfrontiert sind.
- Nutzen Sie Ihren Einfluss, indem Sie mit anderen KMU, die Produkte von denselben Produzenten beziehen, zusammenarbeiten, um Entwaldungsrisiken in der Branche zu erkennen und zu priorisieren.
- Holen Sie Rat und Informationen von Wirtschaftsverbänden, (privaten oder nationalen) Zertifizierungsdiensten, internationalen Organisationen (z. B. OECD, FAO, UNEP), staatlichen Stellen, NRO, Gewerkschaften und relevanten Multi-Stakeholder-Initiativen ein.

Schritt 3: Strategie gegen Entwaldung entwerfen und umsetzen

In Schritt 3 des OECD/FAO-Leitfadens geht es darum, auf festgestellte Entwaldungsrisiken zu reagieren. Dies beinhaltet die Berichterstattung an die zuständigen oberen Führungskräfte sowie die Konzipierung und Verabschiedung eines Risikomanagementplans. Dieser Plan sollte geeignete Maßnahmen zur Risikominderung und Risikoprävention umfassen. Die Unternehmen sollten damit sicherstellen, dass Risiken begegnet wird und dass Schritte gegen bereits eingetretene negative Effekte unternommen werden.

Abbildung 6. Gestaltung und Umsetzung einer Strategie gegen Entwaldung

Strategische Fragen für Unternehmen

Ausarbeitung der Strategie

- Haben wir eine Strategie mit klaren Maßnahmen, um auf festgestellte Entwaldungsrisiken zu reagieren? Wie oft müssen wir diese Strategie aktualisieren?
- Welche Maßnahmen können wir als Reaktion auf die Risiken und Auswirkungen der Entwaldung sowie auf etwaige neue Rechtsvorschriften ergreifen?
- Wie haben wir externe Akteure in die Entwicklung unserer Strategie eingebunden?
- Wie stellen wir sicher, dass unsere Strategie aktuell und wirksam ist – z. B. durch einen jährlichen Überprüfungsprozess oder durch eine Zusammenarbeit mit anderen Akteuren in der Branche?
- Inwieweit können wir direkt mit Erzeuger*innen zusammenarbeiten? Welche Hilfe und Unterstützung benötigen sie (unter besonderer Beachtung unabhängiger Kleinstbetriebe sowie der Vertragslandwirtschaft)?
- Ist uns klar, wann wir Abhilfe schaffen müssen (z. B. wenn wir Verursacher sind)? Haben wir darüber nachgedacht, welche Art von Abhilfemaßnahme wir anbieten können?
- Welche Schritte können wir ergreifen, um Innovationen in unseren Plänen zur Risikominderung umzusetzen? Dabei geht es u. a. um die Rolle von Technologien, sektorübergreifende Zusammenarbeit, die Zusammenarbeit mit staatlichen Stellen auf verschiedenen Stufen der Lieferkette sowie den Dialog mit indigenen Völkern und der lokalen Bevölkerung.

Umsetzung der Strategie

- Wer ist in unserem Unternehmen für die Umsetzung der Strategie verantwortlich bzw. rechenschaftspflichtig? Haben wir in jeder Abteilung Mitarbeitende benannt, die auf ihrer Ebene für die Reduzierung der festgestellten Risiken verantwortlich sind? Wie wird das Board über unsere Maßnahmen informiert?
- Sind wir vor Ort oder auf regionaler Ebene vertreten, oder müssen wir Dritte beauftragen, Maßnahmen in unserem Namen durchzuführen? Wie häufig berichten die Zuständigen vor Ort über die erzielten Fortschritte?
- Welche Schritte können wir unternehmen, um unsere Einflussmöglichkeiten in der Lieferkette insgesamt auszubauen und so das Geschäftsverhalten der Zulieferer zu verändern und den eigentlichen Ursachen der Entwaldung zu begegnen (arbeiten wir beispielsweise mit Regierungen und Organisationen in den Erzeugerländern zusammen, etwa den Nationalen Kontaktstellen der OECD für verantwortungsvolles unternehmerisches Handeln und den Länderkontaktstellen der FAO)?
- Inwieweit brauchen wir externe Partner, um vor Ort etwas zu bewirken?
- Wie werden die Fortschritte und die Wirkung unserer Risikominderungsstrategie gemessen und belohnt?

Risikomanagementplan festlegen und verabschieden

Nachdem das Risiko eines Zusammenhangs zwischen den Geschäftstätigkeiten und Lieferketten des Unternehmens und der Entwaldung bewertet wurde, besteht der nächste Schritt darin, die Schadensursachen auszuschalten bzw. das Risiko zu verringern und künftigen Risiken vorzubeugen. Alle diesbezüglichen Maßnahmen und Verfahren sollten in einem Risikomanagementplan festgelegt werden; für verschiedene Rohstoffe oder Herkunftsgebiete sind u. U. gesonderte Pläne erforderlich.

Kasten 4 nennt mögliche Maßnahmen zur Risikoprävention, die helfen können, das Entwaldungsrisiko in den Geschäftstätigkeiten und Lieferketten des Unternehmens zu bewältigen; Einzelheiten hierzu können Unternehmen dem OECD/FAO-Leitfaden entnehmen.

Kasten 4. Maßnahmen zur Risikoprävention

Welche Maßnahmen zur Risikoprävention die Unternehmen nutzen können, hängt von ihrer Position in der Lieferkette und ihren Kapazitäten ab; einige der nachstehenden Maßnahmen wenden sich hauptsächlich an Erzeuger, andere an Unternehmen, die ihre Waren direkt von Erzeugern beziehen.

Zur Verbesserung der Transparenz und des Informationsstands bieten sich folgende Maßnahmen an:

- Nutzung mehrerer Informationsquellen über die Produkte vorschreiben (Kasten 2 und Kasten 3)
- unabhängige Untersuchungen oder Prüfungen der Herkunftsregionen und/oder Geschäftspartner veranlassen
- unabhängige Prüfungen des Due-Diligence-Systems des Unternehmens in Auftrag geben
- Audits der Due-Diligence-Systeme der Zulieferer durchführen, wobei das Hauptaugenmerk auf ihren Systemen zur Aufdeckung und Beseitigung von Entwaldungsrisiken liegen sollte
- Rückverfolgbarkeit bzw. Chain of Custody stärken und mit Kontrollpunkten in wichtigen Rohstofflieferketten zusammenarbeiten

- Mitglieder der lokalen Bevölkerung in die Lage versetzen, als „Waldbeobachter*innen“ zu agieren
- Zertifizierungssysteme nutzen (wobei genau geprüft werden muss, inwieweit der Waldschutz im gewählten System tatsächlich berücksichtigt wird)
- eventuell über Branchenverbände oder öffentlich-private Plattformen Informationen zu Risiken und Risikominderungsstrategien mit anderen Unternehmen austauschen; dies dürfte für KMU von besonderem Nutzen sein
- regelmäßig mit den Nationalen Kontaktstellen der OECD für verantwortungsvolles unternehmerisches Handeln kommunizieren

Zu den Maßnahmen zur Verbesserung der Zusammenarbeit mit den Zulieferern zählen Sensibilisierungsmaßnahmen sowie Hilfs- und Anreizangebote, insbesondere für Kleinstbetriebe, vor allem für solche, die von vom Unternehmen beschlossenen oder von staatlicher Seite festgelegten Stichtagen für die Entwaldungsfreiheit betroffen sind:

- finanzielle Unterstützung, längerfristige Verträge
- verantwortungsvolle Beschaffungspraktiken
- bessere Zahlungsbedingungen
- Zugang zu Forst- oder Due-Diligence-Expert*innen
- Kapazitätsentwicklung und Schulungen; manchmal sind lokale Nichtregierungs- oder sonstige Organisationen besser in der Lage, diese Art der Unterstützung zu leisten

Im Risikomanagementplan sollte Folgendes festgelegt werden:

- Fristen für die Ausarbeitung der umzusetzenden Maßnahmen und Verfahren
- zu mobilisierende Ressourcen, etwa finanzielle Mittel (für Reisen, Datenbeschaffung, Rückverfolgungssystem usw.) und personelle Ressourcen (z. B. Forst- und Rechtsexpert*innen)
- Zuständigkeiten und Verantwortlichkeiten innerhalb des Unternehmens für die Umsetzung der Risikomanagementmaßnahmen (z. B. Zuständigkeiten innerhalb des Boards für Entwaldungsfragen, Mitwirkung der Beschaffungsteams, Gebietsleiter*innen für als kritisch eingestufte Standorte)
- Verfahren für Konsultationen mit betroffenen Akteuren – z. B. Geschäftspartnern, staatlichen Stellen und betroffenen Gemeinden – sowie der Zivilgesellschaft in den Herkunftsländern, um auf Bedenken zu antworten und eine Strategie zur Minderung von Risiken und Nutzung von Chancen zu vereinbaren, die in die Maßnahmen sowie die Strategie des Unternehmens für Entwaldungsfreiheit eingebunden werden kann
- Monitoringsysteme zur Bewertung der Umsetzung des Plans und seiner Auswirkungen (einschließlich Zugriff auf öffentlich verfügbare Daten bzw. Daten aus der Satellitenüberwachung von Wäldern und Nutzung von Indikatoren/Datenpunkten, die bei Zulieferern eingeholt werden können) sowie Verfahren für die Berichterstattung an die zuständigen oberen Führungskräfte
- Verfahren für den Fall der Nichteinhaltung der Vorgaben durch Zulieferer sowie Follow-up-Pläne, z. B. mit Sensibilisierungsmaßnahmen und Schulungen, um Entwaldung zu entdecken und zu melden
- Verfahren zur Unterstützung von Erzeugern, insbesondere Kleinstbetrieben, unter Berücksichtigung von Genderfragen und Aspekten der sozialen Teilhabe

Auf negative Effekte reagieren – Risikomanagementplan umsetzen, Ergebnisse kontrollieren und nachverfolgen

Wie ein Unternehmen auf negative Effekte reagiert, hängt davon ab, ob es sie selbst verursacht, zu ihnen beiträgt oder unmittelbar mit ihnen verbunden ist. Im konkreten Fall der Entwaldung bedeutet dies Folgendes:

Wenn das Unternehmen Entwaldung verursacht hat, sollte es die Tätigkeiten einstellen, die die Entwaldung verursacht haben, weitere mögliche negative Effekte verhindern und Abhilfe für tatsächlich verursachte negative Effekte schaffen. Dies kann zur Folge haben, dass die Tätigkeiten vorübergehend unterbrochen werden – während zugleich messbare Anstrengungen zur Verhinderung künftiger negativer Auswirkungen unternommen werden – oder dass sie dauerhaft eingestellt werden, wenn es nicht möglich ist, die negativen Effekte einzudämmen.

Wenn Bewertungs- und Mapping-Prozesse ergeben, dass das Unternehmen zu Entwaldung beigetragen hat, sollte es aufhören, dies zu tun, Abhilfe für seinen negativen Beitrag schaffen und Möglichkeiten der Einflussnahme auf seine Geschäftspartner nutzen, um verbleibende negative Effekte zu mindern. Dies kann zu einer vorübergehenden Einstellung der Tätigkeiten führen. Zudem sollte das Unternehmen vorbeugende Maßnahmen ergreifen, um sicherzustellen, dass solche negativen Effekte nicht erneut auftreten.

Wenn das Unternehmen zwar nicht selbst zu Entwaldung beigetragen hat, infolge einer Geschäftsbeziehung aber eine unmittelbare Verbindung zwischen seinen Tätigkeiten, Produkten oder Dienstleistungen und einem beobachteten Effekt besteht, sollte es seinen Einfluss geltend machen, um diesen negativen Effekt zu mindern oder zu verhindern, z. B. indem es Änderungen des Investitionsplans einfordert, um sicherzustellen, dass Wälder geschützt und nachhaltige Produktionsverfahren gefördert werden. Dies kann zum Abbruch der Geschäftsbeziehung führen, wenn die Versuche der Risikominderung scheitern oder wenn die Risikominderungsanstrengungen als nicht machbar oder nicht zumutbar erachtet werden.

Kann die Geschäftsbeziehung aufrechterhalten werden und lässt sich nachweisen, dass eine realistische Aussicht auf Besserung besteht oder dass sich die Situation mit der Zeit effektiv verbessert, so ist dies in vielen Fällen einem Abbruch der Geschäftsbeziehung vorzuziehen. Das Unternehmen sollte auch die möglichen negativen sozialen, ökologischen und wirtschaftlichen Folgen berücksichtigen, die ein Abbruch der Geschäftsbeziehung hätte. Fällt die Entscheidung für den Abbruch der Geschäftsbeziehung, sollte das Unternehmen dabei verantwortungsvoll vorgehen, indem es beispielsweise zeitnah konstruktive Konsultationen mit den betroffenen Akteuren aufnimmt und, sofern möglich, vertretbare und angemessene Maßnahmen ergreift, um negative Effekte des Abbruchs der Geschäftsbeziehung zu verhindern oder zu mindern.

Bei der Entscheidung über die richtige Reaktion sollten folgende Fragen berücksichtigt werden: Wie schwerwiegend ist der negative Effekt? Inwieweit ist das Unternehmen in der Lage, Einfluss auf den Geschäftspartner oder andere maßgebliche Akteure (z. B. staatliche Stellen) auszuüben? Wie wichtig ist der Geschäftspartner für das Unternehmen? (Falls er sehr wichtig ist, sollte das Unternehmen verstärkt auf Verhaltensänderungen seitens des Geschäftspartners hinwirken, ist er weniger wichtig, kann ein Abbruch der Geschäftsbeziehung die bessere Option sein.) Dem Unternehmen bietet sich je nach seiner Position in der Lieferkette ein breites Spektrum an Maßnahmen, um der Entwaldung und ihren negativen Auswirkungen zu begegnen. Sofern umsetzbar, gehören dazu Maßnahmen, die einen positiven Effekt auf die Wälder und die von ihnen abhängigen Arbeitskräfte und Gemeinden haben. Hierfür wurde der Begriff „forest positive“ bzw. „waldfreundlich“ geprägt.

Auf die Auswirkungen der Entwaldung reagieren und waldfreundliche Ergebnisse fördern

Maßnahmen zum Schutz und zur Wiederherstellung von Wäldern

- Bereiche innerhalb oder im Umfeld der Lieferketten des Unternehmens ermitteln, von denen künftige Risiken für Wälder ausgehen könnten, und mit den Zulieferern zusammenarbeiten, um vorbeugende Maßnahmen zu ergreifen; dies könnte z. B. über einen Dialog mit Landwirt*innen geschehen, um zu analysieren, warum es zu Entwaldung kommt und welche Maßnahmen ergriffen werden können, um dies zu verhindern
- In Programme investieren, die den Walderhalt und nachhaltige landwirtschaftliche Produktionsmethoden fördern, wie z. B. Agroforstwirtschaft und Zwischenfruchtanbau
- Die Wiederherstellung von Waldökosystemen in geschädigten Waldgebieten sowie die Wiederherstellung und nachhaltige Nutzung brachliegender oder geschädigter Flächen fördern
- Bewusst bei Zulieferern einkaufen, die selbst waldfreundliche Praktiken einsetzen, indem sie z. B. Wälder erhalten oder wiederaufforsten und gleichzeitig nachhaltige Lebensgrundlagen sichern
- Solche Zulieferer durch die Zahlung eines Aufpreises für ihre Waren, den Einkauf größerer Mengen oder durch längerfristige Verträge „belohnen"

*Zusammenarbeit mit Landwirt*innen, landwirtschaftlichen Genossenschaften und der lokalen Bevölkerung, um den Erhalt und die Wiederherstellung von Wäldern zu fördern*

- Explizite Verpflichtungen zur Achtung der Rechte indigener Völker und lokaler Gemeinschaften (vgl. „Anhang B – Zusammenarbeit mit indigenen Völkern" des OECD/FAO-Leitfadens) eingehen und kommunizieren (OECD/FAO, 2016[1])
- Informationen über Landrechte – auch solche, die nur gewohnheitsrechtlich begründet sind – in Gebieten sammeln, in denen das Unternehmen oder seine Zulieferer ihren Tätigkeiten nachgehen bzw. in denen ihre Lieferketten verlaufen, und Maßnahmen ergreifen, um sicherzustellen, dass diese Rechte nicht durch die Tätigkeiten des Unternehmens beeinträchtigt werden
- Innovationen und Kapazitätsentwicklung fördern, um die landwirtschaftliche Produktivität zu steigern und die Produktionssysteme zu diversifizieren, z. B. durch Agroforstwirtschaft und Farm-Management-Systeme, und so zur Armutsbekämpfung beizutragen und den Nahrungsbedarf der Bevölkerung zu sichern, ohne Wald in Ackerland umzuwidmen
- Landwirtschaftliche Betriebe und insbesondere Kleinstbetriebe bei der Einführung von Agrarinnovationen und nachhaltigen, waldfreundlichen Techniken und Technologien unterstützen, damit die Einkommen steigen, die landwirtschaftlichen Betriebe produktiver und widerstandsfähiger werden und die Wälder erhalten bleiben
- Landwirt*innen und landwirtschaftlichen Organisationen (wie Genossenschaften und Bäuerinnenorganisationen) faire Preise für ihre Produkte zahlen, um zur Sicherung auskömmlicher Einkommen beizutragen; dies könnte an Leistungsindikatoren für die Verringerung der Entwaldung und Waldschädigung, die Einführung nachhaltiger Produktionstechniken und die Wiederherstellung von Waldökosystemen geknüpft werden
- Initiativen zur Existenzsicherung von Kleinstbetrieben unterstützen, die die Walderhaltung sowie die Resilienz und Teilhabe von Landwirt*innen fördern, z. B. durch langfristige Verträge, verantwortungsvolle Beschaffungspraktiken, die Stärkung von organisatorischen Strukturen wie etwa Genossenschaften, die Einführung von Rückverfolgungssystemen und finanzielle Unterstützung

- Lokale Initiativen zur Entwicklung und Umsetzung lokaler Lösungen unter Beteiligung von Landwirt*innen, lokalen Gemeinschaften, indigenen Völkern, Frauen und anderen marginalisierten Gruppen sowie der lokalen Wirtschaft und Verwaltung fördern und unterstützen
- Mit den nachgeordneten Gebietskörperschaften zusammenarbeiten, um gemeinsam günstige Rahmenbedingungen für eine entwaldungsfreie Produktion zu fördern, z. B. durch die Klärung und Anerkennung von Landrechten und gezielte Unterstützung durch wissenschaftliche Fachkräfte, die die Landwirt*innen beraten
- An Zahlungssystemen für Ökosystemleistungen teilnehmen bzw. solche Systeme entwickeln

Unterstützung landschafts- oder gebietsbezogener Initiativen zur Behebung der eigentlichen Ursachen der Entwaldung

- An der Entwicklung waldfreundlicher Strategien für ganze Landschaftsräume oder Verwaltungsgebiete mitwirken; dies kann Maßnahmen für eine verbesserte Flächennutzungsplanung, die Festlegung absoluter Schutzzonen (No-Go-Areas), eine verstärkte Waldüberwachung durch staatliche Stellen und/oder die lokale Bevölkerung, die Unterstützung von Unternehmen bei der Entwaldungsvermeidung und die Pflege von Naturschutzgebieten beinhalten
- Die Zusammenarbeit innerhalb des privaten Sektors sowie mit staatlichen Stellen, Gemeinden, indigenen Bevölkerungsgruppen, Geldgebern und Investoren im jeweiligen Landschaftsraum oder Verwaltungsgebiet fördern
- Lokale Waldbeobachter*innen und Umweltschützer*innen unterstützen
- Initiativen und Akteure unterstützen, die sich für eine bessere Rechtsdurchsetzung einsetzen
- Für Verbesserungen des Gesamtumfelds eintreten, u. a. durch Lobbyarbeit; mögliche Ziele sind mehr Transparenz in den Lieferketten, Nachverfolgbarkeit und Monitoringsysteme, Verbesserungen der Governance und der Rechtsdurchsetzung, insbesondere in Bezug auf Menschenrechte und Landrechte, sowie Agrarförderung insgesamt, Infrastruktur und öffentliche Dienstleistungen mit angemessener Unterstützung durch Geber sowie durch nationale und lokale öffentliche Stellen
- An der Entwicklung nachhaltiger Finanzierungsmechanismen für Erhaltungs- und Wiederherstellungsinitiativen mitwirken, die positive soziale und ökologische Zusatzeffekte haben, wie z. B. Artenvielfalt, stabilere Lebensgrundlagen und die Achtung der Menschenrechte

Förderung und Unterstützung internationaler Initiativen zur Verringerung der Entwaldung und Ausweitung waldfreundlicher Maßnahmen

- Die Entwicklung von „Commodity Roundtables“, Zertifizierungssystemen und anderen Multi-Stakeholder-Initiativen fördern und daran mitwirken
- An Brancheninitiativen, Wirtschaftsverbänden und Bündnissen teilnehmen, wenn sich dies anbietet
- Die Entwicklung verlässlicher und leicht zugänglicher Datenquellen zu Entwaldungsraten und Entwaldungstreibern sowie zu Best-Practice-Beispielen für waldfreundliche Vorgehensweisen fördern
- Die Verbreitung von Informationen und Wissen über internationale Initiativen, Regelungen und Programme fördern, insbesondere Prozesse im Rahmen von REDD+

Empfehlungen für KMU

Empfehlungen für alle KMU:

- Beauftragen Sie eine Person in Ihrem Unternehmen damit, die Gestaltung und Umsetzung Ihrer Strategie zu leiten und zu entscheiden, wer daran mitwirken soll; stellen Sie sicher, dass die betreffende Person über ausreichende Mittel und Kenntnisse verfügt und genügend Unterstützung erhält.
- Nutzen Sie Brancheninitiativen und Verbändenetzwerke, um zu erfahren, wie andere KMU und sonstige Unternehmen Probleme angehen und ob sie ähnliche Ansätze verfolgen, an denen Sie sich bei Ihren Bemühungen orientieren können.
- Nehmen Sie Ziele und Vorgaben für die Entwaldungsfreiheit in die Beurteilungs- und Anreizsysteme für die Mitarbeitenden auf, um Veränderungen herbeizuführen.
- Stellen Sie sicher, dass die von Ihnen festgestellten Risiken in Verkaufsbedingungen, Beschaffungs- und Vertragspraktiken sowie Vertragsbedingungen berücksichtigt sind.
- Ermitteln Sie, welche Mittel zur Umsetzung der in Ihrem Risikomanagementplan vorgesehenen Maßnahmen erforderlich sind.
- Lassen Sie Ihren Aktionsplan allen Ihren Zulieferern zukommen und bitten Sie sie, ihn Partnern in der Lieferkette zur Kenntnis zu bringen, mit denen Sie nicht direkt in Kontakt stehen.
- Erklären Sie den bei Ihren Priorisierungsbemühungen ermittelten Zulieferern, dass Sie die Zusammenarbeit bei der Reduzierung des Entwaldungsrisikos verstärken müssen.

Zusätzliche Empfehlungen für im vorgelagerten Bereich tätige KMU:

- Berücksichtigen Sie in Ihrer Strategie auch Maßnahmen, um die Zusammenarbeit mit Produzenten, landwirtschaftlichen Kleinstbetrieben, indigenen Völkern, der lokalen Bevölkerung oder anderen Akteuren in der Lieferkette auszubauen, und kommunizieren Sie ihre Strategie gegenüber nachgelagerten Unternehmen.
- Berücksichtigen Sie Due-Diligence-Anfragen Ihrer Kunden in der Gestaltung Ihrer Strategie.

Schritt 4: Die Due-Diligence-Maßnahmen gegen Entwaldung überprüfen

Im vierten Schritt des OECD/FAO-Leitfadens geht es um die Einrichtung von Systemen, mit denen Due-Diligence-Maßnahmen nachverfolgt und überwacht werden können, um sicherzustellen, dass sie wirksam sind.

Strategische Fragen für Unternehmen

- Führen wir Due-Diligence-Prüfungen an Schlüsselpunkten der Lieferkette (an sog. Kontrollpunkten) durch?
- Werden unsere Due-Diligence-Prüfungen intern oder von externen Prüfer*innen durchgeführt oder lassen wir interne und externe Prüfungen durchführen? Führen wir im Fall von Lücken externe Audits durch, um sicherzustellen, dass die Prüfungen umfassend sind und verschiedenen Entstehungsformen von Entwaldung Rechnung tragen (z. B. durch Beauftragung verschiedener Anbieter usw.)? Wenn ja, überprüfen wir die Unabhängigkeit und Qualität dieser Audits und der durch sie gewonnenen Informationen und lassen wir sie in unsere eigenen risikobasierten Monitoring- und Überprüfungstätigkeiten einfließen?
- Welche Rolle kann Technologie bei der Bewertung unserer Due-Diligence-Maßnahmen zur Bekämpfung von Entwaldung spielen?
- Gibt es Möglichkeiten, mit anderen zusammenzuarbeiten, um Daten auszutauschen und Kosten zu senken?
- Wie reagieren wir auf Beschwerden Dritter über Entwaldungsrisiken?
- Wenn wir von Dritten angebotene Rohstoff- oder Produktzertifizierungen nutzen, wissen wir, ob diese Systeme mit dem OECD/FAO-Leitfaden und dem Rahmen für risikobasierte Due Diligence im Einklang stehen? Wenn nicht, welche Schritte können wir ergreifen, um sicherzustellen, dass sie dies tun?
- Wie begleiten wir Lieferanten, mit denen wir keinen Vertrag haben, um Veränderungen zu bewirken?

Umsetzung und Wirksamkeit von Due-Diligence-Maßnahmen verfolgen

Unternehmen sollten Maßnahmen ergreifen, um zu überprüfen, ob ihre Due-Diligence-Praktiken effektiv sind, d. h., ob Risiken angemessen ermittelt und verhütet und negative Effekte gemindert wurden. Dies umfasst sowohl ein *Monitoring* der Wirkung, um zu prüfen und zu dokumentieren, inwieweit Maßnahmen durchgeführt, Fortschritte und Ergebnisse erzielt und Vorgaben eingehalten werden, als auch eine *Überprüfung* der Compliance, der Ergebnisse und/oder der Maßnahmen in Bezug auf eine Zusage, einen Standard oder ein Ziel.

Dieser Vorgang sollte in einem angemessenen Verhältnis zum Risiko stehen, den Kapazitäten verschiedener Unternehmen Rechnung tragen, da solche Verfahren kostspielig sein können, und nötigenfalls in die Formulierung von Empfehlungen zur Verbesserung der Due-Diligence-Praktiken münden.

Das *Monitoring* der Wirksamkeit der Due Diligence-Vorkehrungen des Unternehmens kann sich auf die in Kapitel 5 aufgeführten Arten und möglichen Quellen von Informationen über Rohstoffe und Produkte sowie Entwaldung stützen. Bei diesem Monitoring sollte Folgendes berücksichtigt werden:

- Der Grad der Entwaldung und des Entwaldungsrisikos in den Gebieten, aus denen das Unternehmen Rohstoffe und Produkte bezieht, verändert sich im Lauf der Zeit und muss kontinuierlich überwacht werden. Die in Kasten 2 (zu den Arten und möglichen Quellen von Informationen über Rohstoffe und Produkte) aufgeführten Elemente helfen, Informationen zu den in den Geschäftstätigkeiten und Lieferketten des Unternehmens eingesetzten Produkten und Rohstoffen bereitzustellen.

- Die in Kasten 3 aufgeführten Quellen können helfen zu erkennen, ob es während des Monitorings im Beschaffungsgebiet zu Entwaldung kommt: Jede Veränderung der Baumbedeckung in diesem Gebiet stellt eine Warnung dar, bei der bewertet werden muss, inwieweit das Unternehmen verantwortlich ist.

Die *Überprüfung* der Wirkung des Due-Diligence-Verfahrens des Unternehmens umfasst die Prüfung von Unterlagen und internen Kontrollmechanismen, die Überprüfung anhand von Satellitendaten, Audits durch Dritte,[5] Untersuchungen vor Ort sowie Konsultationen mit lokalen Gemeinschaften, der Zivilgesellschaft und staatlichen Stellen. Die Häufigkeit und Intensität der Überprüfungen sollte im Einklang mit Schritt 2 des OECD/FAO-Leitfadens (Risiken erkennen) ebenfalls risikobasiert festgelegt werden.

Die Ergebnisse der Monitoring- und Überprüfungsanstrengungen sollten wieder in die Gestaltung und Funktionsweise des Due-Diligence-Systems einfließen, da es sich bei der Erfüllung der Sorgfaltspflichten um einen dynamischen Prozess handelt. Nachdem das Risiko gemindert oder verhütet wurde, sollte das Unternehmen die Due-Diligence-Anstrengungen fortsetzen, um sicherzustellen, dass das Risiko nicht erneut auftritt und dass keine neuen Risiken entstehen.

Das Unternehmen sollte auch seine eigenen internen Kontrollmechanismen überwachen und sicherstellen, dass sie belastbar sind und wie beabsichtigt wirken. Die Konsultation und Einbeziehung externer Stakeholder, wie beispielsweise indigener Völker, lokaler Gemeinschaften, der Zivilgesellschaft und internationaler Organisationen, kann helfen, Probleme zu erkennen, und ist für die unparteiische und effiziente Überprüfung von Due-Diligence-Prozessen von entscheidender Bedeutung.

Empfehlungen für KMU

Empfehlungen für alle KMU:

- Finden Sie heraus, welche lokalen NRO, lokalen Gemeinschaften oder internationalen Organisationen in den jeweils betrachteten Rohstoffsektoren Kenntnisse über die landwirtschaftlichen Gemeinden besitzen, von denen die Produkte bezogen werden; sprechen Sie regelmäßig mit ihnen, um die von den Zulieferern bereitgestellten Informationen aus verschiedenen Blickwinkeln zu betrachten.
- Richten Sie die Art und Erhebungshäufigkeit der Daten an den Anforderungen Ihrer Kunden oder bestehenden Vorschriften aus. Suchen Sie Möglichkeiten, um Daten verschiedener Kunden zu bündeln oder Technologien zur Effizienzsteigerung und Kostensenkung einzusetzen.
- Konsultieren Sie bestehende Plattformen, um zu sehen, ob für Ihre Beschaffungsgebiete Entwaldungswarnungen vorliegen.
- Arbeiten Sie gegebenenfalls mit Partnern und Zulieferern zusammen, um gemeinsame Beschwerde- oder Whistleblowersysteme einzuführen. Die Nationalen Kontaktstellen der OECD für verantwortungsvolles unternehmerisches Handeln können in dieser Hinsicht ebenfalls hilfreich sein.
- Nutzen Sie gegebenenfalls Instrumente und Indikatoren aus gemeinsamen Brancheninitiativen, Zertifizierungssystemen oder Entwaldungsplattformen, um die Überprüfung Ihrer Due-Diligence-Verfahren zu unterstützen.
- Arbeiten Sie mit Unternehmen in ähnlicher Situation und Branchenverbänden zusammen, um mehr Einfluss ausüben zu können, wenn in Ihren Lieferketten Entwaldungsrisiken bestehen bleiben.
- Schließen Sie sich mit anderen Zulieferern, Wirtschaftsverbänden und NRO zusammen, wenn Sie alleine nicht genügend Einfluss auf einen Geschäftspartner haben, um Veränderungen herbeizuführen.

Zusätzliche Empfehlungen für im vorgelagerten Bereich tätige KMU:

- Stellen Sie sicher, dass Ihre Kunden wissen, wie Sie Informationen überprüfen und sammeln; dies umfasst die Art der gesammelten Daten, die Häufigkeit der Erfassung und die Akteure, mit denen Sie bei der Datenerhebung zusammenarbeiten.
- Kommunizieren Sie transparent, welche Informationen Sie nicht haben und warum.
- Besprechen Sie mit vorgelagerten Käufern, wie diese Ihre Datenerfassung unterstützen können, und nutzen Sie deren u. U. größere Einflussmöglichkeiten und Kapazitäten.
- Stellen Sie fest, welche Waldmonitoringsysteme – seien es solche, die mit lokalen Gemeinschaften arbeiten, oder solche, die auf Fernerkundung basieren – in Ihrem Beschaffungsgebiet bestehen und unterstützen Sie sie.

Schritt 5: Über die Due Diligence gegen Entwaldung Bericht erstatten

In Schritt 5 des OECD/FAO-Leitfadens geht es darum, der Öffentlichkeit Bericht über die Maßnahmen des Unternehmens zur Erfüllung der Sorgfaltspflichten zu erstatten.

Strategische Fragen für Unternehmen

- Berichten wir darüber, welche Entwaldungsrisiken in unserer Lieferkette festgestellt wurden und welche Maßnahmen wir konkret zu ihrer Minderung durchgeführt haben?
- Liefern wir jährlich aktualisierte Informationen über unsere Zusagen zur Vermeidung von Entwaldung und unsere diesbezüglichen Fortschritte?
- Sollte die Berichterstattung in einem umfassenden Dokument oder in mehreren thematischen Berichten in Bezug auf die Zusagen unseres Unternehmens oder die betreffenden Rohstoffe erfolgen oder sollten diese Themen im Nachhaltigkeitsbericht unseres Unternehmens behandelt werden?
- Haben wir die im OECD/FAO-Leitfaden aufgeführten Empfehlungen für die Berichterstattung berücksichtigt?
- Geben wir diese Berichte an externe Stakeholder weiter und bitten wir um offenes Feedback darüber, was gut ist und was verbessert werden kann?
- Welchen Beitrag leisten unsere Due-Diligence-Berichte zur Verbesserung unserer Lernkultur und zur besseren Erfüllung unserer Sorgfaltspflichten bei der Entwaldungsbekämpfung?
- Veröffentlichen wir unsere Anstrengungen in Bezug auf die verschiedenen Due-Diligence-Schritte, einschließlich der Zusammenarbeit mit Lieferanten zur Minderung der Entwaldungsrisiken?

Öffentliche Berichterstattung

Es ist wichtig, dass Unternehmen, die mit tatsächlichen oder potenziellen Entwaldungsrisiken konfrontiert sind, öffentlich und regelmäßig über ihre waldbezogenen Due-Diligence-Richtlinien und -Praktiken berichten (gegebenenfalls in einem umfassenderen Rahmen, beispielsweise zu Zielen für entwaldungs- und umwandlungsfreie Lieferketten), wobei Vertraulichkeitsanforderungen und andere Wettbewerbserwägungen gebührend berücksichtigt werden sollten. Diese Berichterstattung kann sowohl qualitative Informationen zur Gestaltung des Due-Diligence-Systems als auch quantitative Informationen zu den Ergebnissen umfassen. Dadurch können betroffene Akteure, Geschäftspartner und Investoren klare, sachlich richtige und zeitnahe Informationen über die tatsächlichen und potenziellen negativen Effekte, die im Rahmen der kontinuierlichen Folgenabschätzung ermittelt werden, sowie über die zur Minderung oder Verhütung dieser Effekte eingeleiteten Schritte erhalten.

Folgende Informationen könnten in den Berichten erfasst werden:

- Zusagen des Unternehmens in Bezug auf die Bekämpfung von Entwaldung und Waldschädigung, was nicht nur die Ziele einschließt (keine Entwaldung oder Verringerung des Risikos um einen bestimmten Prozentsatz usw.), sondern auch die vom Unternehmen verwendeten Definitionen der Begriffe „Wald“, „Entwaldung“ und „Waldschädigung“, Stichtage für die Entwaldungsfreiheit sowie die erfassten Rohstoffe und geografischen Gebiete usw.
- Prozentsatz des Produktionsvolumens des Unternehmens (vom Unternehmen bewirtschaftete Flächen und von Dritten bezogene Rohstoffe), der als entwaldungsfrei eingestuft wird, bzw. Prozentsatz, für den dies nicht bekannt ist

- Zusammenfassungen der gesammelten Daten und Informationen, die die Risikoexposition des Unternehmens, die bei der Umsetzung der einzelnen Ziele und Zusagen erzielten Fortschritte (vorzugsweise mit Zeitreihen, aus denen die von Jahr zu Jahr erzielten Fortschritte ersichtlich sind) sowie alle etwaigen negativen Effekte, die das Unternehmen verursacht oder zu denen es beigetragen haben könnte, beschreiben
- Managementsysteme des Unternehmens, einschließlich seiner Sorgfaltsregeln, in denen die für die Erfüllung der Sorgfaltspflichten zuständigen Managementgremien und die im Unternehmen unmittelbar zuständigen Personen festgelegt sind
- Systeme zur Risikoanalyse und Risikominderung, die das Unternehmen eingerichtet hat, um Entwaldung zu bekämpfen, einschließlich ihrer Funktionsweise und der vorhandenen Kontrollsysteme, wie etwa Zertifizierung, Rückverfolgbarkeit oder Chain of Custody
- Nutzung der erhobenen Informationen, um eine verantwortungsvolle Beschaffung und ein verantwortungsvolles Management zu stärken, Risiken zu mindern, Abhilfe zu schaffen und die Zusagen des Unternehmens zu erfüllen
- Zusammenarbeit mit Stakeholdern und Art der Offenlegung von Informationen gegenüber allen Kunden und vor- und nachgelagerten Zulieferern, auch im Kontext der Ermittlung und Steuerung von Entwaldungstreibern
- Informationen über die Einhaltung nationaler Gesetzesauflagen und internationaler Standards in Bezug auf Sorgfaltspflichten und Entwaldung

Die Berichterstattung über die Due-Diligence-Maßnahmen und -Ergebnisse des Unternehmens kann in verschiedenen Kontexten und Formaten erfolgen, beispielsweise in Jahresberichten, Nachhaltigkeitsberichten oder speziellen Berichten über die Auswirkungen des Unternehmens auf die Wälder. Berichte können über die Website des Unternehmens, soziale Medien und Treffen mit Stakeholdern, z. B. vor- und nachgelagerten Partnern, öffentlich zugänglich gemacht werden. Die Kommunikation muss in Bezug auf Form (einschließlich Übersetzung in die relevanten Sprachen), Häufigkeit, Barrierefreiheit und Umfang der bereitgestellten Informationen den Auswirkungen und der jeweiligen Zielgruppe angemessen sein. Die gesammelten Informationen können auch über Berichtsrahmen wie die von CDP Forests oder der Global Reporting Initiative (GRI), die Website supply-change.org oder nationale oder internationale Wirtschaftsverbände offengelegt werden.

Die Berichte sollten klare und durchgängig verwendete Kennzahlen enthalten, um beispielsweise das Monitoring und die Analyse auf Lieferketten- oder Länderebene zu erleichtern. Die Unternehmen sollten im Einklang mit dem OECD/FAO-Leitfaden über die Ergebnisse der einzelnen Due-Diligence-Schritte Bericht erstatten. Dies könnte auch die Ausrichtung an Berichtsstandards wie denjenigen der GRI fördern. Im Hinblick auf Schritt 1 könnten die Unternehmen beispielsweise ihre Zusagen in Bezug auf verantwortungsvolles unternehmerisches Handeln beschreiben und Links zu diesen Zusagen hinzufügen (sofern diese öffentlich zugänglich sind; falls sie das nicht sind, sollten die Gründe hierfür erläutert werden). Sie könnten auch angeben, auf welcher Ebene der Organisation die einzelnen Zusagen jeweils gebilligt wurden und ob es sich dabei um die höchste Ebene handelt. Außerdem könnten sie berichten, inwieweit die Zusagen für die Tätigkeiten des Unternehmens und seine Geschäftsbeziehungen gelten, und beschreiben, wie die Zusagen gegenüber Mitarbeitenden, Geschäftspartnern und anderen relevanten Akteuren kommuniziert werden. Darüber hinaus sollten die Unternehmen beschreiben, wie sie ihre verschiedenen Zusagen in Bezug auf verantwortungsvolles unternehmerisches Handeln in ihren Tätigkeiten und Geschäftsbeziehungen verankern.

Empfehlungen für KMU

Empfehlungen für alle KMU:

- Entscheiden Sie, wie und wann Sie mit Ihren Kunden und Geschäftspartnern am ressourceneffizientesten kommunizieren können; dies kann per E-Mail geschehen und durch soziale Medien unterstützt werden.
- Berücksichtigen Sie relevante Informationen zu den festgestellten Entwaldungsrisiken und den ergriffenen Gegenmaßnahmen gegebenenfalls in Ihrem Jahresbericht.
- Kommunizieren Sie im Einklang mit dem OECD/FAO-Leitfaden und diesem Handbuch über die zur Minderung von Entwaldungsrisiken unternommenen Anstrengungen, wenn Ihr Unternehmen an subnationalen, nationalen oder internationalen Zertifizierungs- oder Waldschutzinitiativen teilnimmt.

Zusätzliche Empfehlungen für im vorgelagerten Bereich tätige KMU:

Veröffentlichen Sie gegebenenfalls in kürzeren Abständen aktualisierte Informationen in Ihren Geschäftsräumen, auf Ihrer Website oder in sozialen Medien.

Abhilfe bei negativen Effekten

Dieses Kapitel befasst sich mit den Abhilfemaßnahmen, einschließlich Maßnahmen zur Behebung negativer Effekte, die ein Unternehmen ergreifen kann, wenn es nicht in der Lage war, Entwaldung zu verhindern oder zu verringern.

Auch wenn die Vermeidung von Entwaldung immer Vorrang haben sollte, kann es vorkommen, dass ein Unternehmen im Rahmen seiner Sorgfaltspflichten oder anderweitig Fälle von Entwaldung feststellt, die es nicht verhindern oder hinreichend verringern konnte. In solchen Fällen sollte das Unternehmen den Grund dafür suchen und Abhilfemaßnahmen für die entstandenen negativen Effekte einleiten.

Das Unternehmen sollte untersuchen, warum es mit seinen Due-Diligence-Verfahren nicht gelungen ist, die negativen Effekte zu verhindern oder zu verringern. Auch sollte es Korrekturmaßnahmen ergreifen, um sicherzustellen, dass das Problem nicht erneut auftritt. Um geeignete Mechanismen dafür zu schaffen, ist es von entscheidender Bedeutung, lokale Stakeholder, wie etwa lokale Gemeinschaften und indigene Bevölkerungsgruppen, die Zivilgesellschaft und staatliche Stellen, einzubeziehen.

Wenn ein Unternehmen feststellt, dass es negative Effekte verursacht oder zu ihnen beigetragen hat, kann es eine Reihe von Maßnahmen ergreifen:

- Wenn dies möglich ist, sollte das Unternehmen versuchen, die *betroffene(n) Person(en)* wieder in die Situation zu versetzen, in der sie sich ohne den negativen Effekt befunden hätte(n). Dies kann, soweit möglich, die Rückgabe von Land an enteignete indigene Völker oder lokale Gemeinschaften umfassen.
- Wenn dies möglich ist, sollte das Unternehmen versuchen, die *betroffenen Gebiete* wieder in den Zustand zu versetzen, in dem sie sich ohne die negativen Effekte befunden hätten, z. B. durch Wiederherstellung geschädigter Wälder oder entwaldeter Flächen und langfristige Unterstützung für die wiederhergestellten Flächen.
- Wenn dies nicht möglich ist (was bei Entwaldung häufig der Fall ist), kann das Unternehmen: 1. eine angemessene Entschädigung in einer mit den betroffenen Gemeinschaften einvernehmlich vereinbarten Form bieten (die nicht immer monetär sein muss: eine Gemeinschaft kann beispielsweise Unterstützung für Bildungs- oder Gesundheitsleistungen für sinnvoller halten) und/oder 2. eine angemessene Kompensation für Umweltauswirkungen anbieten, insbesondere für Treibhausgasemissionen und Biodiversitätsverlust.
- Gegebenenfalls kann das Unternehmen legitime interne oder externe Abhilfemechanismen einrichten, durch die betroffene Akteure und Rechteinhaber Beschwerden einreichen und vom Unternehmen entsprechende Maßnahmen einfordern können (vgl. auch den Abschnitt zu Beschwerdemechanismen in Schritt 1 des OECD/FAO-Leitfadens) bzw. an solchen Mechanismen mitwirken.

Glossar

Bei den mit einem Sternchen (*) gekennzeichneten Definitionen handelt es sich um die von der FAO festgelegten Standarddefinitionen (2018[21]); die anderen Definitionen sind nicht international vereinbart. Obwohl diese Begriffe auch in vielen internationalen und nationalen Rahmenkonzepten und Rechtsvorschriften enthalten sind, werden einige davon, wie z. B. „Wald", in nationalen Rechtsvorschriften und freiwilligen Standards häufig unterschiedlich definiert. Unternehmen können zwar abweichende Definitionen verwenden, sollten jedoch sicherstellen, dass diese in ihrer Unternehmensstrategie zur Bekämpfung der Entwaldung klar festgelegt werden.

Aufforstung: Die Schaffung von Wald durch das Pflanzen und/oder die direkte Aussaat von Bäumen auf einer Fläche, die bis dahin anders genutzt wurde; impliziert eine Umwandlung der Landnutzung von „Nichtwald" in „Wald".

Entwaldung*: Die Umwandlung von Wald in andere Landnutzungsformen unabhängig davon, ob sie vom Menschen verursacht wird oder nicht.

Entwaldungsfrei: Es gibt keine Standarddefinition für diesen Begriff, er bezieht sich jedoch generell auf Rohstoffe oder Produkte bzw. Lieferketten, die in ihrem Herkunftsland keine Entwaldung oder Waldschädigung verursachen oder nicht zu Entwaldung oder Waldschädigung beitragen.

High-Carbon-Stock-Ansatz: Methode, die zu schützende Waldgebiete – d. h. Waldgebiete, die wichtig für lokale Gemeinschaften sind oder einen hohen Kohlenstoffbestand bzw. eine große biologische Vielfalt aufweisen – von geschädigten Flächen unterscheidet, die im Rahmen einer integrierten Flächennutzungsplanung erschlossen werden können.

Hoher Erhaltungswert: Biologischer, ökologischer, sozialer oder kultureller Wert von herausragender oder kritischer Bedeutung.

Indigene Völker*: Bevölkerungsgruppen, die von den Völkern abstammen, die in einem Land oder einem zu diesem Land gehörenden geografischen Gebiet vor dessen Eroberung oder Kolonisierung oder zur Zeit der Festlegung der gegenwärtigen Staatsgrenzen beheimatet waren und die, ungeachtet ihrer Rechtsstellung, ihre traditionellen sozialen, wirtschaftlichen, kulturellen und politischen Institutionen zum Teil oder ganz beibehalten haben.

Kontrollpunkte: Unternehmen, die mehr Einblick und größere Einflussmöglichkeiten gegenüber ihren Zulieferern und vorgelagerten Geschäftspartnern haben als Unternehmen, die näher an den Verbrauchenden oder Endnutzenden angesiedelt sind. Sie können folgende Merkmale aufweisen:

- Transformationspunkt. Sie befinden sich an zentralen Transformationspunkten in der Lieferkette, an denen die aus der Rückverfolgung oder Chain of Custody gewonnenen Informationen aggregiert werden oder verloren gehen können.
- Geringe Zahl. Am betreffenden Punkt der Lieferkette wird die Mehrzahl der Vorleistungen von einer relativ geringen Zahl von Unternehmen verarbeitet bzw. abgefertigt, die sie dann nach unten oder oben in der Lieferkette weitergeben.

- Großer Einfluss. Sie befinden sich an Punkten der Lieferketten, an denen besonders großer Einfluss auf Zulieferer und vorgelagerte Akteure ausgeübt werden kann.
- Auditpunkt. Sie befinden sich an Punkten der Lieferkette, an denen bereits Auditsysteme oder -programme bestehen, die genutzt werden können, um Doppelarbeit zu vermeiden.

Landschafts- und Gebietsansätze: Die International Union for Conservation of Nature (IUCN) definiert einen landschaftsbezogenen Ansatz als eine Herangehensweise, bei der die Interessen der verschiedenen Stakeholder in einem Landschaftsraum ganzheitlich beurteilt und im Dialog miteinander in Einklang gebracht werden. Der Landschaftsansatz basiert auf einem nachhaltigen Landschaftsmanagement, das den gesamten sozioökonomischen Kontext eines Gebiets berücksichtigt (IUCN NL, o. J.[22]).

Natürliches Ökosystem: Ein Ökosystem, das – in Bezug auf Artenzusammensetzung, Struktur und ökologische Funktion – im Wesentlichen dem Ökosystem ähnelt, das in einem bestimmten Gebiet ohne schwerwiegende menschliche Eingriffe anzutreffen ist oder wäre. Dies umfasst von Menschen bewirtschaftete Ökosysteme, in denen ein Großteil der natürlichen Artenzusammensetzung, Struktur und ökologischen Funktion erhalten ist.

Null-Entwaldung: Situation, in der Rohstoffproduktion, Beschaffung oder Finanzinvestitionen keine Entwaldung verursachen bzw. nicht zu Entwaldung beitragen. Diese Definition bezieht sich auf die *Bruttoentwaldung*, d. h. jede Umwandlung von Wäldern in andere Landnutzungsformen ohne Berücksichtigung einer etwaigen kompensatorischen Zunahme der Waldbedeckung.

Stichtag: In Rechtsvorschriften oder Standards festgelegtes Datum, ab dem Entwaldung auf den Herkunftsflächen bzw. -parzellen der Rohstoffe oder Produkte nicht mehr zulässig ist, wenn diese den betreffenden Rechtsvorschriften, Standards oder Richtlinien entsprechen sollen.

Umwandlung: Umwidmung eines Waldes oder eines anderen natürlichen Ökosystems zugunsten einer anderen Landnutzung oder tiefgreifende Veränderung der Artenzusammensetzung, Struktur oder Funktion eines natürlichen Ökosystems.

Wald*: Über 0,5 Hektar großes Landgebiet mit Bäumen, die höher als 5 Meter sind und deren Kronen mehr als 10 % der Oberfläche bedecken, bzw. mit Bäumen, die diese Kriterien in Zukunft erfüllen können. Dies umfasst keine Flächen, die vorwiegend für landwirtschaftliche oder städtische Zwecke genutzt werden.

Waldfreundlich: Es gibt keine einheitliche Definition für diesen Begriff. Im Allgemeinen wird er jedoch so verstanden, dass er über die reine Bewältigung des Entwaldungsrisikos in der Lieferkette eines Unternehmens hinaus auch die Erzielung positiver Wirkungen auf die Wälder und die von ihnen abhängigen Arbeitskräfte und Gemeinschaften umfasst.

Waldschädigung: Es gibt keine FAO- oder sonstige Standarddefinition für diesen Begriff; die FAO hält die Länder an, ihn selbst zu definieren. Die im Accountability Framework aufgeführte Definition, die außer für Wald auch für andere natürliche Ökosysteme gilt, lautet folgendermaßen: „Veränderungen innerhalb eines natürlichen Ökosystems, die seine Artenzusammensetzung, Struktur und/oder Funktion signifikant und negativ beeinflussen und die Kapazität dieses Ökosystems, Produkte zu liefern, die biologische Vielfalt zu unterstützen und/oder Ökosystemleistungen zu erbringen, verringern“ (AFi, o. J.[4]).

Anhang A. Ressourcen

Datenquellen zu Wäldern und Entwaldung

Es gibt zahlreiche Datensätze, Verarbeitungstools und Plattformen, um Informationen über Waldflächen, Waldtypen, Entwaldung und Wiederaufforstung zu erhalten. Bei den Datensätzen handelt es sich entweder um Primärdaten oder um zur Informationsgewinnung verwendete verarbeitete Daten. Alle hier aufgeführten Datensätze können kostenlos heruntergeladen (z. B. von einer Website) oder eingesehen werden (z. B. in einem Datenportal). Nach dem Herunterladen können die Datensätze mit Software zur Verarbeitung von Geodaten für anspruchsvollere Analysen verwendet werden.

Verarbeitungstools sind individuelle Algorithmen oder Software, mit deren Hilfe es möglich ist, den Mehrwert von Daten und Informationen zu steigern und höherwertige Produkte und Analysen zu erstellen. Die meisten Tools sind kostenlos verfügbar, einige erfordern für die kommerzielle Verwendung jedoch eine Lizenz. Verarbeitungsplattformen sind Online- oder Desktop-Sammlungen von Tools, die End-to-End-Unterstützung für Datenzugriff und -verarbeitung bieten. Die Nutzung von Plattformen kann ebenfalls kostenlos sein oder eine Lizenz für kommerzielle Anwendungen erfordern. Zusammen können diese Ressourcen sehr hilfreich sein, um Lieferkettenauswirkungen auf lokaler und globaler Ebene nachzuverfolgen.

Bei der Suche nach Daten über Wälder und ihrer Nutzung sollten einige wichtige Punkte bezüglich der verfügbaren Informationen berücksichtigt werden. Baumbedeckung und Wald sind nicht das Gleiche. Baumbedeckung beschreibt eine biophysikalische Eigenschaft der Erdoberfläche (das Vorhandensein von Bäumen). Wald ist dagegen eine Art der Landnutzung, bei der es durch Bewirtschaftung (z. B. vorübergehende Entfernung von Bäumen für die Holzernte im Rahmen der normalen Bewirtschaftungszyklen oder durch Feuereinsatz) auch Zeiten ohne Baumbedeckung geben kann. Entwaldung bezieht sich auf den Verlust an Baumbedeckung bei gleichzeitiger Veränderung der Landnutzung von Wald zu Nichtwald. Waldschädigung bedeutet demgegenüber einen Verlust an Baumbedeckung ohne Veränderung der Landnutzung.

Ein klares Verständnis dieser Begriffe hilft dabei, Datensätze auf Basis der gesuchten Informationen zu priorisieren.

Um verfügbare öffentliche Informationen über Entwaldung in einem bestimmten Land zu erhalten, können sich Unternehmen beispielsweise an die nationalen Kontaktstellen der REDD+-Initiative oder an nationale Waldmonitoringsysteme wenden.

Die folgenden Tabellen enthalten keine vollständige Aufstellung, sondern bieten lediglich eine Übersicht über die Tools und Plattformen, über die auf Informationen zu Waldveränderungen zugegriffen werden kann (Stand Juni 2022). Die meisten Informationen werden in Listen zusammengefasst und regelmäßig aktualisiert, z. B. im REDD Compass oder bei Open MRV. Die Leser*innen können sie konsultieren, um mehr über die Daten und Tools zu erfahren.

Tabelle A A.1 Primärdatensätze

Primärdatensätze	Art der Daten	Räumliche Auflösung	Open Source	Hersteller	Einfachheit der Nutzung	Aktualisierung	Erste verfügbare Daten	Geografischer Erfassungsbereich	URL
MODIS-Mission	Optische Bilddaten	250–1 000 m	Ja	NASA	Mittel	Täglich	2000	Global	https://modis.gsfc.nasa.gov/
Landsat-Mission	Optische Bilddaten	30 m	Ja	NASA	Mittel	16-täglich	1972	Global	https://landsat.gsfc.nasa.gov/
Copernicus-Mission	Optische und Radarbilder	10–20 m	Ja	ESA	Mittel	5-täglich	2015	Global	https://www.esa.int/Applications/Observing_the_Earth/Copernicus
Planet NICFI	Optische Bilddaten	3–5 m	Über das NICFI-Programm bis mindestens 2024 verfügbar	Planet	Mittel	Täglich	2015	Tropen	https://www.planet.com/nicfi/

Tabelle A A.2 Verarbeitete Datensätze

Verarbeitete Datensätze	Art der Daten	Räumliche Auflösung	Open Source	Hersteller	Einfachheit der Nutzung	Aktualisierung	Erste verfügbare Daten	Geografischer Erfassungsbereich	URL
UMD GLAD	Bilder, Baumbedeckung, Veränderung, Warnungen, Brände	30 m	Ja	University of Maryland, USA	Leicht	Monatlich	2000	Global	https://glad.umd.edu/ https://lpdaac.usgs.gov/products/gfcc30fccv001/ https://glad.umd.edu/dataset/gedi https://firms.modaps.eosdis.nasa.gov/map/
JRC TMF	Veränderung der Waldbedeckung, einschl. Waldschädigung	10–30 m	Ja	Gemeinsame Forschungsstelle, EU	Leicht	Jährlich	1992	Tropen	https://forobs.jrc.ec.europa.eu/TMF/explorer.php

Verarbeitete Datensätze	Art der Daten	Räumliche Auflösung	Open Source	Hersteller	Einfachheit der Nutzung	Aktualisierung	Erste verfügbare Daten	Geografischer Erfassungsbereich	URL
GLAD-Warnungen (L und S)	Warnungen	30 m	Ja	University of Maryland, USA	Mittel	Monatlich	2017	Global (L), Lateinamerika (S)	https://glad.umd.edu/dataset/glad-forest-alerts
RADD-Warnungen (S)	Warnungen	20 m	Ja	Universität Wageningen, Niederlande	Mittel	Monatlich	2020	Tropischer Primärregenwald	http://radd-alert.wur.nl
Dynamic World	LCLU	20 m	Ja	Google, World Resources Institute	Mittel	Täglich	2015	Global	https://developers.google.com/earth-engine/datasets/catalog/GOOGLE_DYNAMICWORLD_V1
ESA CCI	LCLU	300 m	Ja	ESA	Mittel	Jährlich	1992	Global	http://maps.elie.ucl.ac.be/CCI/viewer/index.php
ESA Worldcover	LCLU	10 m	Ja	ESA	Leicht	Jährlich	2020	Global	https://worldcover2020.esa.int/viewer
JAXA Forest/non-Forest Map	Baumbedeckung	25–1 000 m	Ja	JAXA	Leicht	Jährlich	2007	Global	https://earth.jaxa.jp/en/data/2555/index.html
JRC TMF	Veränderung der Waldbedeckung, einschl. Waldschädigung	10–30 m	Ja	Gemeinsame Forschungsstelle, EU	Leicht	Jährlich	1992	Tropen	https://forobs.jrc.ec.europa.eu/TMF/explorer.php
Crowther Lab	Daten zum Waldwiederherstellungspotenzial, zu Biomasse und Baumdichte	30–300 m	Ja	ETH Zürich	Leicht	–	–	Global	https://crowtherlab.com/maps/#/

Tabelle A A.3 Datenzugriffsplattformen/-tools

Datenzugriffsplattformen/-tools	Beschreibung	URL
Global Forest Watch	Global Forest Watch (GFW 2.0) ist eine vom WRI geleitete Online-Plattform, die Daten und Tools für das Monitoring von Wäldern bereitstellt. GFW 2.0 bietet ein Dashboard mit vorberechneten Zonenstatistiken zu verschiedenen Produkten in Bezug auf Veränderungen der Baumbedeckung und der Waldausdehnung, vor allem auf nationaler und subnationaler Ebene. Außerdem können Nutzer*innen die GLAD-Datensätze in einem Geoportal visualisieren und diese Berechnungen für benutzerdefinierte Zonen verfeinern.	www.globlaforestwatch.org
Terra-i	Terra-i erkennt durch menschliche Aktivitäten verursachte Bodenbedeckungsveränderungen nahezu in Echtzeit und aktualisiert die Daten alle 16 Tage. Derzeit erfasst das System ganz Lateinamerika und die Tropen. Es wird vom CIAT geleitet.	www.terra-i.org
FAO Forest Resources Assessment (Reihe)	Das Global Forest Resources Assessment (FRA) der FAO liefert Informationen auf nationaler Ebene über den Umfang der Waldressourcen, ihren Zustand, ihre Bewirtschaftung und ihre Nutzung.	https://fra-data.fao.org/
Open Foris Earth Map	Earth Map ist ein Tool zur schnellen historischen Umwelt- und Klimaanalyse auf Basis von Google Earth Engine, das im Rahmen der Open-Foris-Initiative der FAO entwickelt wurde.	https://earthmap.org
MapBiomas	Sammlung und Veröffentlichung von LULUCF-Informationen in der Pan-Amazonas-Region, in den brasilianischen Cerrado-, Pampas- und Pantanal-Regionen, in der Region El Chaco und in den indonesischen Tropenwäldern.	https://mapbiomas.org

Tabelle A A.4 Datenverarbeitungsplattformen/-tools

Datenverarbeitungs-plattformen/-tools	Beschreibung	URL
Google Earth Engine	Google Earth Engine ist ein von der Google Cloud Platform angebotener Dienst zur Verarbeitung von Geodaten. Ziel von Earth Engine ist es, eine interaktive Plattform für die bedarfsgerechte Entwicklung von raumbezogenen Algorithmen bereitzustellen, datengesteuerte Forschung mit hoher Wirkung zu ermöglichen und Fortschritte bei der Bewältigung globaler Herausforderungen zu erzielen, die große Geodatensätze erfordern.	https://code.earthengine.google.com/
Open Foris SEPAL	SEPAL ist eine Cloud-Computing-Plattform, die es Nutzer*innen ermöglicht, Satellitendaten schnell und effizient abzufragen und zu verarbeiten, ihre Produkte an lokale Anforderungen anzupassen und schnell anspruchsvolle, relevante Geodatenanalysen zu erstellen. Die Plattform nutzt cloudbasierte Supercomputer und eine moderne Geodateninfrastruktur (z. B. Google Earth Engine) und ermöglicht den Zugriff auf einen breiten Fächer an Satellitendaten sowie deren Verarbeitung.	https://sepal.io
Open Foris Collect Earth	Collect Earth ist ein Tool, das die Datensammlung über Google Earth ermöglicht. In Verbindung mit Google Earth, Bing Maps und Google Earth Engine können Nutzer*innen hoch- und ultrahochauflösende Satellitenbilder für eine Vielzahl von Zwecken analysieren.	https://openforis.org/tools/collect-earth/
Open Foris Collect Earth Online	Collect Earth Online (CEO) ist die nächste Generation webbasierter Crowdsourcing-Technologie für geowissenschaftliche Analysen. Dieses Tool ermöglicht es Nutzer*innen, mithilfe von hochauflösenden Satellitenbildern und Big-Data-Analysen über Google Earth Engine Referenzdaten zu sammeln. Es kann von mehreren Nutzer*innen gleichzeitig benutzt werden.	https://collect.earth/

Datenverarbeitungs-plattformen/-tools	Beschreibung	URL
Open Data Cube	Open Data Cube (ODC) ist ein Open-Source-Software-Projekt für Geodatenverwaltung und -analyse, das die Nutzung von Satellitendaten unterstützt. Das ODC besteht im Wesentlichen aus Python-Bibliotheken und PostgreSQL-Datenbanken, die Nutzer*innen die Arbeit mit Georasterdaten erleichtern. Das ODC bietet eine offene und frei zugängliche Explorationsarchitektur und soll die Entstehung einer Gemeinschaft fördern, die die Technologie sowie die Breite und Tiefe ihrer Anwendungen zum Nutzen der Gesellschaft entwickelt, sichert und ausbaut.	https://www.opendatacube.org/
Digital Earth Africa	Die DEA-Plattform und ihre Dienste ermöglichen es afrikanischen Regierungen, Unternehmen und Entscheidungsträger*innen, Veränderungen auf dem gesamten Kontinent in beispielloser Detailliertheit nachzuverfolgen. Dies liefert wertvolle Erkenntnisse für eine bessere Entscheidungsfindung in vielen Bereichen, z. B. zu Überschwemmungen, Dürren, Boden- und Küstenerosion, Landwirtschaft, Waldbedeckung, Landnutzungs- und Bodenbedeckungsänderung, Wasserverfügbarkeit und -qualität sowie Veränderungen menschlicher Siedlungen.	https://www.digitalearthafrica.org/
Forestry Thematic Exploitation Platform der EU	Die Forestry Thematic Exploitation Platform (Forestry TEP) ermöglicht gewerblichen, staatlichen und wissenschaftlichen Nutzer*innen im Forstsektor weltweit einen effizienten Zugang zu satellitendatenbasierten Verarbeitungsdiensten und -tools zur Erzeugung von waldbezogenen Informationsprodukten, die einen Mehrwert schaffen. Über die Plattform können die Nutzer*innen auch eigene Verarbeitungsdienste, Tools und generierte Produkte erstellen und teilen.	https://f-tep.com/
EU-Beobachtungsstelle (noch in Planung)	Die EU-Beobachtungsstelle für Entwaldung und Waldschädigung (EU Observatory on deforestation and forest degradation), die ihre Tätigkeit noch nicht aufgenommen hat, soll offene, transparente und unentgeltliche Informationen über Waldverlust, Waldschädigung und EU-Handel mit relevanten Rohstoffen und Produkten liefern.	

Tabelle A A.5 Instrumente für das Mapping von Lieferketten

Instrumente für das Mapping von Lieferketten	Beschreibung	URL
SPOTT	SPOTT ist eine kostenlose Online-Plattform, die die Offenlegung von Rohstoffproduzenten, -verarbeitern und -händlern beurteilt. Sie erfasst die Organisation, Richtlinien und Praktiken in Bezug auf Umwelt-, Sozial- und Governancefragen (ESG). Das auf der Plattform befindliche Dashboard ermöglicht das Herunterladen von Bewertungsdaten, die Analyse von Trends und den Zugriff auf weitere Ressourcen.	https://www.spott.org
Trase	Trase ist ein Instrument für das bedarfsgerechte Mapping von Lieferketten mit drei Hauptmerkmalen: Es verknüpft die einzelnen Akteure der Lieferkette systematisch mit bestimmten subnationalen Produktionsregionen sowie den mit diesen Regionen verbundenen Nachhaltigkeitsrisiken und Investitionsmöglichkeiten, es nennt die einzelnen Unternehmen, die einen bestimmten gehandelten Rohstoff exportieren, transportieren oder importieren, und es erfasst alle Ausfuhren eines bestimmten Rohstoffs aus einem bestimmten Produktionsland	https://supplychains.trase.earth
Open Land Contracts	Open Land Contracts ist ein globales Verzeichnis öffentlich verfügbarer Verträge und damit zusammenhängender Dokumente für land- und forstwirtschaftliche sowie andere landbasierte Investitionsprojekte. Die Nutzer*innen haben Zugriff auf Originaldokumente im PDF-Format, den vollständigen Vertragstext, allgemein verständliche Zusammenfassungen wichtiger sozialer, menschenrechtsbezogener, ökologischer, steuerlicher und operationeller Vertragsbestimmungen sowie auf Tools zur Suche und zum Vergleich von Verträgen.	https://openlandcontracts.org

Freiwillige Nachhaltigkeitsstandards und Zertifizierungssysteme

Freiwillige Nachhaltigkeitsstandards[6] und darauf basierende Zertifizierungssysteme[7] können neben anderen Tools in Due-Diligence-Rahmenkonzepten zur Entwaldungsbekämpfung eine wichtige Rolle spielen. Sie enthalten häufig sehr detaillierte ökologische, soziale und wirtschaftliche Kriterien, die die nach den betreffenden Standards zertifizierten Produkte erfüllen müssen. Außerdem erfassen sie Chain-of-Custody- sowie Prüfungs-, Sicherungs- und Monitoring-Systeme für den Zertifizierungsprozess. Viele Standardsysteme weisen starke partizipative und inklusive Elemente auf, entweder weil sie als „Commodity Roundtables" mit verschiedenen Interessenträgern organisiert sind oder weil der Standard regelmäßig im Rahmen eines partizipativen Prozesses überprüft wird oder weil diese beiden Elemente gegeben sind; zwischen den verschiedenen Standards und Systemen und ihrer Governance bestehen jedoch erhebliche Unterschiede.

Im Prinzip können die verschiedenen Arten von freiwilligen Nachhaltigkeitsstandards und Zertifizierungen folgendermaßen verwendet werden:[8]

- als Mittel zur Festlegung von Kriterien in Bezug auf den Schutz von Wäldern und die Vermeidung von Entwaldung ab einem in den Waldrichtlinien eines Unternehmens festgeschriebenen Stichtag
- als Informationsquelle für die Risikoeinschätzung in einem Due-Diligence-System
- als Instrument zur Risikominderung in einem Due-Diligence-System
- als Rahmen für die Einbindung und Unterstützung von Landwirt*innen und anderen Akteuren in der Lieferkette

Einige freiwillige Nachhaltigkeitsstandards und Zertifizierungssysteme sehen vereinfachte Überprüfungen nach einer geringeren Zahl von Kriterien vor, bei denen zertifiziertes Material beispielsweise mit nicht zertifiziertem Material gemischt werden kann, für das nur gewährleistet sein muss, dass es nicht aus illegaler Holzernte stammt. Es gibt auch einige vereinfachte Legalitätsprüfungssysteme, bei denen überprüft wird, ob die Produkte im Einklang mit den nationalen Gesetzen der Herkunftsländer, einschließlich der einschlägigen Antientwaldungsgesetze, hergestellt wurden.

Freiwillige Nachhaltigkeitsstandards und Zertifizierungssysteme können Unternehmen bei der Umsetzung der in diesem Handbuch beschriebenen Schritte unterstützen. Außerdem geht ihr Anwendungsbereich häufig über Walderhaltung und Landnutzungsänderungen hinaus. Die Verantwortung für die Erfüllung ihrer Sorgfaltspflichten liegt letztlich jedoch weiterhin bei den Unternehmen. Dies gilt für jeden einzelnen Schritt des Due-Diligence-Prozesses. Eine Zertifizierung, so streng oder umfassend sie auch sein mag, kann die Unternehmen nicht von dieser Verantwortung entbinden. Stattdessen sollten Unternehmen, die Zertifizierungen verwenden, die durch ihre eigenen risikobasierten Prüfungen gewonnenen Informationen überprüfen und auf ihnen aufbauen. Außerdem ist es möglich, dass Zertifizierungen nicht alle Anforderungen der nationalen Due-Diligence-Rechtsvorschriften erfüllen. Sie sollten als wichtige potenzielle Komponente und Informationsquelle der Due-Diligence-Strategie des Unternehmens betrachtet werden, nicht als Ersatz dafür.

In der nachstehenden Tabelle sind einige der wichtigsten freiwilligen Nachhaltigkeitsstandards und Zertifizierungssysteme für Rohstoffe aufgelistet, die in diesem Handbuch erwähnt werden. Es werden nur einige international ausgerichtete Systeme aufgeführt; zudem gibt es noch viele nationale und regionale Programme, die insbesondere, aber nicht nur für Holz und Holzerzeugnisse gelten. Nicht in der Tabelle enthalten sind außerdem Commodity Roundtables, die noch keine Zertifizierungssysteme entwickelt haben, wie beispielsweise der Global Roundtable for Sustainable Beef (Rindfleisch) und die Global Platform for Sustainable Natural Rubber (Kautschuk).

Darüber hinaus gibt es staatlich geförderte (und manchmal vorgeschriebene) Standards, die in Tabelle A A.7 aufgeführt sind.

Tabelle A A.6 Freiwillige Nachhaltigkeitsstandards und Zertifizierungssysteme

Standard/Zertifizierungssystem	Erfasste Rohstoffe	URL
Bonsucro	Zuckerrohr	https://bonsucro.com
Fairtrade	Breiter Fächer an Produkten, darunter Kakao, Kaffee, Zucker, Tee	https://www.fairtrade.net
4C Association (Common Code for the Coffee Community)	Kaffee	https://www.4c-services.org
International Sustainability and Carbon Certification (ISCC)	Land- und forstwirtschaftliche Biomasse, biogene Abfälle und Rückstände, hauptsächlich verwendet als Ausgangsstoff für Biokraftstoffe wie Pflanzenöl	https://www.iscc-system.org
Forest Stewardship Council (FSC)	Holzerzeugnisse	https://fsc.org
Programme for the Endorsement of Forest Certification (PEFC) (Anerkennung nationaler Forstzertifizierungssysteme nach den PEFC-Standards)	Holzerzeugnisse	https://pefc.org
ProTerra	Alle Agrarrohstoffe, hauptsächlich Soja	https://www.proterrafoundation.org
Rainforest Alliance	Breiter Fächer an Produkten, darunter Kakao, Kaffee, Palmöl, Tee	https://www.rainforest-alliance.org
Round Table on Responsible Soy (RTRS)	Mais, Soja	https://responsiblesoy.org
Roundtable on Sustainable Biomaterials (RSB)	Breites Spektrum an biobasierten Rohstoffen und Material aus Biomasse, hauptsächlich für die Herstellung von Biokraftstoffen	https://rsb.org
Roundtable on Sustainable Palm Oil (RSPO)	Palmöl	https://rspo.org
Sustainable Biomass Programme (SBP)	Holzbiomasse für die industrielle Energieerzeugung in großem Maßstab	https://sbp-cert.org

Tabelle A A.7 Nationale Nachhaltigkeitsstandards und Zertifizierungssysteme

Standard/Zertifizierungssystem	Erfasste Rohstoffe	URL
African Standard for Sustainable Cocoa	Kakao	Nicht verfügbar
Indonesian Sustainable Palm Oil (ISPO)	Palmöl	Nicht verfügbar
Malaysian Sustainable Palm Oil	Palmöl	https://www.mpocc.org.my/about-mspo

Sonstige relevante Ressourcen

Tabelle A A.8 Sonstige relevante Ressourcen

Name	Beschreibung	URL
Accountability Framework	Katalog von Normen, Definitionen und Leitlinien für die Verwirklichung ethischer Lieferketten in der Land- und Forstwirtschaft mit klaren und einheitlichen Orientierungshilfen für Unternehmen in Bezug auf Verpflichtungen, Maßnahmen und Fortschrittsbeobachtung bei der Schaffung von Lieferketten, die frei von Entwaldung, Umwidmung und Menschenrechtsverletzungen sind. Enthält Protokolle und Leitlinien für viele der in diesem Handbuch erörterten Schritte.	https://accountability-framework.org

Name	Beschreibung	URL
CDP Forests	Rahmen für Unternehmen zur Messung und Steuerung waldbezogener Risiken und Chancen, zur Fortschrittsberichterstattung und für Zusagen zur Wiederherstellung von Wäldern und Ökosystemen.	https://www.cdp.net/en/forests
„Collective tenure rights for REDD+ implementation and sustainable development" (Kollektive Landrechte für die Umsetzung von REDD+ und nachhaltige Entwicklung)	Fachdokument mit Informationen und Fallstudien über den Beitrag kollektiver Landrechte zur Beendigung der Entwaldung und Bekämpfung des Klimawandels (REDD-Programm von FAO und UN).	https://doi.org/10.4060/cb3521en
FAO Free, Prior and Informed Consent (FPIC) Manual	Enthält Informationen für Fachleute über das Recht auf freie, vorherige und informierte Zustimmung und darüber, wie es in sechs Schritten umgesetzt werden kann.	https://www.fao.org/3/i6190e/i6190e.pdf
Global Reporting Initiative (GRI)	Breiter Fächer an Nachhaltigkeitsberichtsstandards.	https://www.globalreporting.org
ISEAL	Netzwerk freiwilliger Nachhaltigkeitsstandards, darunter viele der oben genannten. Es erstellt Verhaltenskodizes und Glaubwürdigkeitsprinzipien, die den Nutzer*innen helfen sollen, fundierte Entscheidungen über glaubwürdige Standards zu treffen.	https://www.isealalliance.org
OECD Alignment Assessments Process	Das Ziel dieses Verfahrens besteht darin zu evaluieren, inwieweit Branchen- oder Multi-Stakeholder-Initiativen, wie z. B. Zertifizierungssysteme, mit den Empfehlungen des *Leitfadens für die Erfüllung der Sorgfaltspflicht für verantwortungsvolles unternehmerisches Handeln* und den sektorbezogenen Due-Diligence-Leitlinien der OECD übereinstimmen.	https://www.oecd.org/corporate/industry-initiatives-alignment-assessment.htm
OECD e-learning Academy on Responsible Business Conduct	Zum Angebot gehört beispielsweise der Kurs „OECD Due Diligence for Agriculture and Seafood Supply Chains" (Sorgfaltspflichten im Bereich der Lieferketten für Agrarprodukte und Meeresfrüchte).	https://mneguidelines.oecd.org/oecd-e-learning-academy-on-responsible-business-conduct.htm
Principles for Responsible Investment in Agriculture and Food Systems, Ausschuss für Welternährungssicherheit	Der Ausschuss für Welternährungssicherheit (Committee on World Food Security – CFS) hat am 15. Oktober 2014 die Prinzipien für verantwortungsvolle Investitionen in die Landwirtschaft und Nahrungsmittelsysteme gebilligt. Diese klären, was verantwortungsvolle Investitionen in die Landwirtschaft und Nahrungsmittelsysteme kennzeichnet, nennen die wichtigsten Stakeholder und ihre jeweiligen Aufgaben und Verantwortlichkeiten in Bezug auf verantwortungsvolle Investitionen in die Landwirtschaft und Nahrungsmittelsysteme und schaffen einen Referenzrahmen für das Handeln aller in Landwirtschaft und Nahrungsmittelsysteme eingebundener Stakeholder, indem sie Grundsätze festlegen, die dringend notwendige verantwortungsvolle Investitionen fördern, die Lebensgrundlagen verbessern und Risiken für Ernährungssicherheit und Ernährung verhüten und mindern.	https://www.fao.org/3/au866e/au866e.pdf
Voluntary Guidelines on the Responsible Governance of Tenure of Land, Fisheries and Forests in the Context of National Food Security (VGGT)	International anerkannte Leitlinien, die als Orientierungshilfe dienen und Grundsätze sowie international anerkannte Standards für eine verantwortungsvolle Regulierung von Eigentums-, Besitz- und Nutzungsrechten festlegen. Sie werden durch technische Leitfäden ergänzt, u. a. zur Achtung des Rechts auf freie, vorherige und informierte Zustimmung sowie zu E-Learning-Kursen.	https://www.fao.org/tenure/voluntary-guidelines/en/

Literaturverzeichnis

AFi (o. J.), „Definitions“, https://accountability-framework.org/the-framework/contents/definitions/. [4]

APHIS (o. J.), „Lacey Act“, https://www.aphis.usda.gov/plant-imports/lacey-act. [2]

CDP/AFi (2022), *From Commitments to Action at Scale: Critical steps to achieve deforestation-free supply chains*, CDP Worldwide, London, https://accountability-framework.org/fileadmin/uploads/afi/Documents/News/CDP_AFI_Forest_Report_2022_2022_05_23.pdf. [17]

Dummett, C. et al. (2021), *Illicit Harvest, Complicit Goods: The State of Illegal Deforestation for Agriculture*, Forest Trends, Washington, D.C., https://www.forest-trends.org/wp-content/uploads/2021/05/Illicit-Harvest-Complicit-Goods_rev.pdf. [14]

FAO (2022), *The State of Agricultural Commodity Markets 2022. The geography of food and agricultural trade: Policy approaches for sustainable development*, FAO, Rom, https://doi.org/10.4060/cc0471en. [13]

FAO (2021), „FAO Remote Sensing Survey reveals: Tropical rainforests under pressure as agricultural expansion drives global deforestation“, Infografik, FAO, Rom, https://www.fao.org/3/cb7449en/cb7449en.pdf. [8]

FAO (2020), *Global Forest Resources Assessment 2020: Main report*, FAO, Rom, https://doi.org/10.4060/ca9825en. [3]

FAO (2018), „Global Forest Resources Assessment 2020: Terms and Definitions“, *FRA Working Paper Series*, No. 188, FAO, Rom, https://www.fao.org/3/I8661EN/i8661en.pdf. [21]

FAO (2016), *Free Prior and Informed Consent: An indigenous peoples' right and a good practice for local communities*, FAO, Rom, http://www.fao.org/3/I6190E/i6190e.pdf. [20]

FAO (2014), *Principles for Responsible Investment in Agriculture and Food Systems*, FAO, Rom, https://www.fao.org/3/au866e/au866e.pdf. [19]

FAO (o. J.), *FRA 2020 Remote Sensing Survey*, https://www.fao.org/forest-resources-assessment/remote-sensing/fra-2020-remote-sensing-survey/en/. [7]

FAO und UNEP (2020), *The State of the World"s Forests: Forests, biodiversity and people*, FAO, Rom, https://doi.org/10.4060/ca8642en. [5]

Federici, S. et al. (2015), „New estimates of CO2 forest emissions and removals: 1990-2015“, *Forest Ecology and Management*, Vol. 352, S. 89–98, https://doi.org/10.1016/j.foreco.2015.04.022. [6]

Geist, H. und E. Lambin (2002), „Proximate Causes and Underlying Driving Forces of Tropical Deforestation.“, *BioScience*, Vol. 52/2, S. 143–150, https://doi.org/10.1641/0006-3568(2002)052[0143:PCAUDF]2.0.CO;2. [9]

IUCN NL (o. J.), „Landscape Approach“, https://www.iucn.nl/en/our-work/landscape-approach/. [22]

OECD (2018), *OECD-Leitfaden für die Erfüllung der Sorgfaltspflicht für verantwortungsvolles unternehmerisches Handeln*, OECD, Paris, http://mneguidelines.oecd.org/OECD-leitfaden-fur-die-erfullung-der-sorgfaltspflicht-fur-verantwortungsvolles-unternehmerisches-handeln.pdf. [18]

OECD/FAO (2021), *OECD-FAO Agricultural Outlook 2021-2030*, OECD Publishing, Paris, https://doi.org/10.1787/19428846-en. [10]

OECD/FAO (2016), *OECD/FAO-Leitfaden für verantwortungsvolle landwirtschaftliche Lieferketten*, OECD Publishing, Paris, https://doi.org/10.1787/9789264261235-de. [1]

Pendrill, F. et al. (2019), „Deforestation displaced: trade in forest-risk commodities and the prospects for a global forest transition“, *Environmental Research Letters*, Vol. 14/5, https://doi.org/10.1088/1748-9326/ab0d41. [16]

Van Dijk, M. et al. (2021), „A meta-analysis of projected global food demand and population at risk of hunger for the period 2010–2050“, *Nature Food*, Vol. 2/7, S. 494–501, https://doi.org/10.1038/s43016-021-00322-9. [12]

VN (2019), *World Population Prospects 2019 – Highlights*, Vereinte Nationen, New York, https://doi.org/10.18356/13bf5476-en. [11]

VN (o. J.), „Tackling Deforestation + Scaling Nature-Based Solutions (NBS)“, https://climatechampions.unfccc.int/system/nature-and-tackling-deforestation/. [23]

Weltbank (2019), *Illegal Logging, Fishing and Wildlife Trade: The costs and how to combat it*, Weltbank, Washington, D.C., http://hdl.handle.net/10986/32806. [15]

Anmerkungen

[1] Dem *OECD-FAO Agricultural Outlook 2022-2031* zufolge wird es immer dringender, eine nachhaltige Agrarproduktion zu fördern. Dies erfordert auch eine Anpassung an unterschiedliche regionale Gegebenheiten, um ein ausgewogenes Verhältnis zwischen der Nahrungsmittelproduktion und anderen Anbaukulturen sowie dem Schutz der natürlichen Ressourcen zu erreichen (OECD/FAO, 2021[10]).

[2] Neben diesen globalen Initiativen gibt es zahlreiche regionale und nationale Initiativen zur Bekämpfung der Entwaldung in Agrarlieferketten.

[3] Vgl. beispielsweise die auf der COP26 angekündigte Verpflichtung des Finanzsektors zur Beendigung der mit Rohstoffen verbundenen Entwaldung (Financial Sector Commitment on Eliminating Commodity-driven Deforestation) (VN, o. J.[23]) sowie das Versprechen der Mitgliedsländer der Forest and Climate Leaders' Partnership auf der COP27, Rechenschaft über ihre Zusage abzulegen, die Entwaldung bis 2030 zu beenden, https://www.euronews.com/green/2022/11/07/cop27-more-than-25-countries-band-together-to-keep-deforestation-pledges-made-in-glasgow.

[4] Wegen weiterer Informationen vgl. das Hintergrundpapier *Translating a risk-based due diligence approach into law*, http://mneguidelines.oecd.org/translating-a-risk-based-due-diligence-approach-into-law.pdf.

[5] Wenn ein Audit als angemessen erachtet wird, sind die Unabhängigkeit und Qualität dieses Audits entscheidend für seine Wirksamkeit. Die Prüfer*innen sollten unabhängig, kompetent und rechenschaftspflichtig sein. Die Unternehmen können in Erwägung ziehen, eine unabhängige Einrichtung heranzuziehen, die dafür zuständig ist, die Prüfer*innen zu akkreditieren, die Audits zu überprüfen, die Auditberichte zu veröffentlichen und die Zulieferer beim Kapazitätsaufbau für die Durchführung von Due-Diligence-Prüfungen zu unterstützen, und die bei Folgemaßnahmen für Beschwerden betroffener Akteure hilft.

[6] Weitere Informationen über freiwillige Nachhaltigkeitsstandards und ihre Rolle finden sich auf der Website des United Nations Forum on Sustainability Standards (UNFSS): https://unfss.org/home/about-unfss/.

[7] Zertifizierung wird von der International Social and Environmental Accreditation and Labelling Alliance (ISEAL) als eine von Dritten ausgestellte Erklärung definiert, die die Einhaltung bestimmter Konformitätsanforderungen nachweist (ISEAL, nach ISO 17 000). Siehe https://www.isealalliance.org/sites/default/files/resource/2018- 02/ISEAL_Assurance_Code_Version_2.0.pdf.

[8] Wegen weiterer Informationen vgl. das Hintergrunddokument zur Rolle von Nachhaltigkeitsinitiativen in gesetzlich vorgeschriebenen Due-Diligence-Prüfungen: https://mneguidelines.oecd.org/the-role-of-sustainability-initiatives-in-mandatory-due-diligence-note-for-policy makers.pdf.

www.ingramcontent.com/pod-product-compliance
Ingram Content Group UK Ltd.
Pitfield, Milton Keynes, MK11 3LW, UK
UKHW051643031026
15588UKWH00007B/1296

9 789264 413924